與逝者溝通

來自彼端，
改變我們一生的課程

THE LIGHT
BETWEEN US

Stories from Heaven. Lessons for the Living

Laura Lynne Jackson

蘿拉・琳恩・傑克遜 ────── 著　吳宗璘 ────── 譯

敬獻給我的母親，琳達·歐斯瓦德，她教我要信任內心的光，彰顯存於我們每一個人之間的光。媽媽，這世界上源自於我的所有美好，都是因為妳，妳是這一切的根源。

還要獻給蓋瑞特、艾許莉、海登以及茱麗葉，你們以光、喜悅，以及意義盈滿了我的世界，你們是我追求一切的動力。

最後要獻給每一位閱讀本書的你——但願我們能為彼此照亮路途，永永遠遠。

過生活只有兩種方式，
一種是宛若完全沒有任何奇蹟，
而另一種則是一切皆為奇蹟。

目次

第 2 部

第 3 部

簡介

　　當靈訊開始湧入的時候，我正行駛在傑洛可高速公路，往西前進。

　　我急煞我的本田Pilot，切向右方，準備停入某間史泰博購物中心的停車場。我踩下煞車，車子還有一半卡在停車格外頭。

　　我還沒準備好與他們相遇。就在不久之前，我在拚命深呼吸，想要保持冷靜，因為我好緊張，老實說，是嚇得半死。過沒多久之後，我將要進入擠滿痛苦人群的房間，我在當晚的角色就是要撫平他們的痛苦，

　　我身穿素黑襯衫加長褲，不希望有人因為我襯衫的圖案或是洋裝的花朵而分心。

　　我沒吃晚餐，因為我太焦慮了，根本吃不下。我先生蓋瑞特還沒下班，所以我已經央求母親幫我照顧兩名年幼的外孫，直到我先生回家。我出發的時間有些延遲，希望能夠在這繁忙路段多搶回一些時間，但是車流緩慢。

　　然後，突然之間，他們來找我了。

那群孩子。

就在那一瞬，成群結隊出現了，真是驚奇。這就像是原本在某個房間獨處，倏忽之間，門開了，然後有十到十五人一起進來。你可能看不到他們，也聽不到他們，但依然知道他們在那裡——就是感應得出來，你知道自己再也不孤單。我在自己那輛本田Pilot裡面就是這種感覺——我知道我不是一個人。

然後，我聽到了各種話語、名字、故事、祈求、描述、影像以及他們想要分享的一切，實在太多了，我必須叫他們講慢一點。

「等等，稍等一下……」我大聲嚷嚷，同時在包包裡翻找紅色小筆記本與原子筆。我開始振筆疾書，但依然趕不上我接受靈訊的速度，一切不斷傾巢而出。

其中一個說道，告訴他們我還在這裡。

另一個說道，告訴他們，我依然是他們生活中的一部分。

告訴他們，「我愛你們，發生的一切我都看到了。」

請不要為我哭泣，我很好。

我沒有死，我還是你們的小孩啊。

不要以為我離開了，我一直沒有走。

拜託告訴他們好嗎，我沒有離開！

我在史泰博商場外頭、坐在自己停得亂七八糟的車內，草草寫下字句——我是個被小孩團團圍住的女人，但卻沒有人看得到他們的身影。

　　終於，過了好幾分鐘之後，我把筆記本塞回包包，重新上路，以最快的速度飛奔位於布洛德哈洛路的漢廷頓希爾頓飯店。我衝入飯店大廳，找到了舉行聚會的會議室，外面的招牌只幽微透露出當晚主旨的些許端倪，「當你的小孩說話時該如何傾聽」。

　　這間會議室稀鬆平常——褐色窗簾、天花板頂燈、厚地毯，以及旋轉椅，在會議室的正中央，擺放了一張大型方桌，有十九個人在桌邊正襟危坐。我一走進去的時候，所有人立刻面向我，完全鴉雀無聲。他們的面容悲傷心焦，感覺整整有一分鐘無人呼吸。

　　在座的都是那些父母。

　　當晚的主持人，芙蘭與鮑伯‧金斯伯格夫婦——「永續家庭基金會」的董事——走了過來，打破緊張氣氛。他們擁抱我，向我打招呼，還請我入座。我婉謝了——現在我根本沒辦法坐下來，我緊張死了。鮑伯站在我面前，清了一下喉嚨。

　　「這位是蘿拉‧琳恩‧傑克森，」他語氣溫柔，「她是『永續家庭基金會』認證的靈媒，今晚來此幫助我們學習如何與我們的孩子對話。」

　　鮑伯退到一旁，將空間讓給了我。我深呼吸，低望手中的草稿。這些父母們盯著我，殷殷期盼，我不知道該說什麼，也不知該怎麼開場。經過了一陣長長的靜默之後，那股凝重的沉寂氣氛又回來了。

　　沒有人知道接下來會如何，我當然更是不知其然。

　　終於，我抬頭，開了口。

　　「諸位的小孩都來了，」我脫口而出，「他們有些事想讓你們知道。」

────────

　　我是蘿拉·琳恩·傑克森，是人妻，人母，是高中英文老師。

　　也是靈媒。

　　我可能不符合大多數人對於靈媒的印象。我不會解析茶葉或塔羅牌，也不是在店面門口工作。我不是算命師，沒有水晶球（嗯，好吧，其實我有一個小小的裝飾水晶球，但純粹是因為我看到它在櫥窗裡的時候按捺不住購買的衝動）。我只是一個擁有某項比一般人更準確的天賦的普通人罷了。

　　我具有靈視力，換言之，我可以透過五感以外的方式、獲悉各種人與事件的資訊。我也有靈聽力──透過雙耳之外的其他管道、感受到各種聲響──比方說，我可以坐在某張餐廳的桌子前，感受到前面那組客人產生的獨特能量，宛若他們留下了數十個刺毛狀的能量指紋一樣。如果那股能量以負面的方式影響到我，我會客氣請服務生為我更換座位，如果這是最後一張空桌，那麼我就必須要離開。這一點有時會惹得我丈夫與小孩不太高興，連女服務生也是。

　　我除了有超自然能力，也是靈媒，換言之，我可以與那

些已經離世的人進行溝通。

如果你的第一個問題是我怎麼會走上這條路，我給的第一個答案是，我不知道，我這一生都在努力尋求解答。

在我尋找答案的過程當中，我已經接受了多次的嚴格測試——起初是「永續家庭基金會」，這是某個科學導向、幫助悲傷者的非營利組織，然後是亞利桑那州人類潛能應用研究的風橋機構，我在風橋通過了由科學家所主持、包括某一個五重盲測解析的八階段過程，成為認證靈媒小眾團體的一員。

不過，雖然我一直在找尋答案——摸索自己的真正目標——但同時也小心翼翼隱藏自己的能力、以免被其他人發現。我還不知道該把這些能力安放在生活中的哪個位置，又該如何處理。在我大部分的人生歲月中，我為自己努力刻鑿的是一條與靈媒無關的人生軌道。

我大三那一年出國到牛津念書，研讀莎士比亞，決心要走學術這條路。畢業之後，我一度考慮要當律師，已經得到兩所頂尖法學院的入學許可，但我決定要追隨熱情去教書。我長久以來一直把自己視為老師，這是我第一個也是最重要的身分。在我的學術生涯之中，並沒有靈氣解析與通靈的一席之地。

所以，在將近二十年的時光當中，我一直過著秘密雙面生活。

白天，我教青少年《馬克白》與《憤怒的葡萄》，但到

了晚上，我丈夫在樓下照顧小孩，我則待在樓上、窩在自己的臥房，與名流、運動員、政治人物、企業執行長、各式各樣的人進行私密電聯，讓他們得以一窺人類公認的體驗界線之外的某些事物。

不過，在這樣的雙面過程中，我發現了重要的心得——我發現我其實沒那麼與眾不同。雖然我的能力讓我覺得自己與其他人不一樣，我並不「正常」，但我領悟到特殊的是我以這樣的方式被「賜予天賦」，但並非天賦本身。

我被賜予的這項美妙天賦——體會到靈光與愛的強力韌帶把我們大家相繫在一起——其實，是屬於我們大家的天賦。

————

這本書就像是我的一生，是一段從黑暗走向光明的旅程。它娓娓道出我領悟自己真正意志過程的故事，還有我們是如何與周遭世界產生連結。我希望每一位都能夠在我的這趟過程中、找出在你自己生命中會產生迴響的部分。

因為，要是你能夠做到這一點，可能會產生與我同樣的體悟——要是我們對於將我們與自己所愛之人、跨越生死繫結在一起的那種強大黏著力，敞開心胸，就能提升我們在現世的生活與愛之道，程度無可限量。

不過，即便在我恍然大悟之後，我一直不曾想到要與整

個世界分享心得，我不打算寫書。然後，某天我在任教的學校執行導護工作的時候，突然感受到來自宇宙的巨量訊息量，宛若令人豁然開朗的一道閃光，而基本指令很簡單。

妳應該要向別人分享自己的故事。

這與我完全無關，而是與這項靈訊息息相關。在我解析過程中所浮現的生活教誨不該成為秘密，應該要向全世界宣揚。

我並沒有把本書當成是回顧自己一生的自傳，不過，我把自己的故事當成了一種方法，可以分享在這些年當中最令人震撼以及發人省思的解析。在連結靈界摯愛的解析過程當中，能夠幫助他們撫平舊傷，克服過往，重新想像生活，終於能夠了解他們在這個世界上的真正道路與目的。對我來說，這些解析鞭辟入裡，也讓我增廣見聞。

這些解析，就與我的生命故事一樣，真正的重點其實是──人類勇敢又努力不懈追求答案。身為文學系學生，我被鼓勵要深入思索最深沉的問題：我們為什麼會在這裡？存在的目的是什麼？我們此生的目的為何？我並不是說自己找到了這些問題的所有答案，我只能說出自己的故事，我可以分享自己的想法，要是我們無法至少容納考慮死後世界的可能性──要是我們對於近年來關於意識之持續性的豐富證據視而不見──那麼我們就會自我阻絕、無法碰觸充滿美好、舒心療癒與愛的某個來源。不過，要是我們能夠對於這樣的對話抱持開放態度，我們可能會變成更開朗、更幸福、更真

誠的人。更接近我們的實際面，更接近我們的真我。

這就是我想做的事——進行對話。我想要開展更多的可能性，看待世界的方式不是只有傳統的那一套而已。我想要探索經常在我的解析過程中所見到的景象——依照共時性原則運作的宇宙，還有連接所有事件、將我們所做的一切賦予意義的那股隱形力量。

我盼望各位能夠明瞭，這本書之所以會以它自己的方式進入各位的雙手之中，一定有其原因。

最重要的是，我想要討論的是在我努力前進的過程中，逐漸清晰可見的驚奇事實——現世中將我們連結在一起的美妙靈光，也能夠進一步讓我們連接到過世的摯愛。

我看得到這些光束，我看得到我們之間的靈光。

而且，由於這些光的存在，綁住了我們，將我們的命運捲纏在一起；由於我們都從同一個能量來源汲取力量，我們也知道了其他事實。

沒有任何一個人是生而渺小。

這個宇宙沒有遺忘任何人。

我們每一個人都可以大大照亮世界。

只不過，我們當中的某些人還未曾察覺自身力量有多麼強大。

———

想要讓大家在完全沒有抗拒的狀況下接受我的觀念，我倒是沒有這樣的期待。

我當了將近二十年的老師，未成熟的理論或是令人瞠目結舌的說法，很難說服我。我一直教導我的學生必須要當犀利的深思者——研究與分析問題——我也是用這種方式面對自己的天賦。我找了科學家與研究員測試我的能力，也與勇敢的探索者與精銳知識分子對話，我遵循的是在上個世紀最後那二十五年當中，讓我們對人類潛能產生驚人全新洞察力的科學成果。

我後來才漸漸明瞭，我生命中所發生的諸多重大事件，其實與我們才剛開始學習的人類意識力量與堅韌度若合符節，而且，它們也可以用以解釋這些事件。

即便如此，本書中最重要的教誨並非來自科學家、研究員，或是探索者，當然也不是從我這裡而生。我不是先知，也不是神諭，我只是一個媒介。

身為靈媒，我已經解析過數百人，某些人是有錢的名人，但大多數的對象並不是這樣的人。在解析過程中，我讓他們連結到自己深愛、但卻已經不在凡間的人。這些已經過世的摯愛，給了我們一種看待存在與宇宙的奇蹟視角。

———

我們這趟旅程的第一步很簡單——只需要我們敞開心

胸，接受有五感自然覺知之外的其他可能性。

幾乎所有人都已經做到了這一點。大多數人都相信有更高位階的力量，無論我們以什麼名字相稱都一樣。我將這種高階名之為宇宙，其他人則稱之為上帝。我是在信奉上帝的家庭中長大，而我依然信神，不過，對我來說所有的宗教就像是一個裂成許多碎片的巨大盤子，每一個碎片都不一樣，但它們都屬於同一盤子的一小部分。我們描述自身信仰的語彙，其實並不像信仰本身那麼重要。

好，所以我們已經願意相信有比自我更偉大的事物——我們無法證明或解釋、甚或是無法完全理解的事物。我們不怕跨越出那一步，但要是我們願意跨出下一步——相信我們的意識並不會因為死亡而終結，反而會在某個更偉大的旅程中持續下去——那麼，將會發生真正不可思議的事。

因為，如果我們相信有死後世界的話，那麼我們就一定會有與其發生連結的可能空間。

老實說，要不是因為我自己經歷了那些驚奇事件，我也不確定自己是否會相信有這樣的可能。但我的確遇到了那種狀況，所以我知道那不只是有可能而已——我明白那是千真萬確。

而且，我知道當我們敞開心胸，面對那些把我們糾纏在一起的各種路徑——它們是同一個整體的一部分，涵蓋了過去、現在，以及未來——那麼，我們就能在過往被誤判為一片黑暗的境地之中，開始見到各種連結、意義，以及靈光。

第 1 部

| 1 |　阿公

　　在八月某個陽光普照的星期三下午，當時的我十一歲，我姊姊、弟弟，還有我，待在長島家後院的一公尺高的地上型游泳池裡玩水。距離開學只剩下幾天而已，我們想要把握最後的夏日歡樂，一絲一毫都不願放過。我母親過來找我們，她說要去羅斯林，探望我們的外公外婆，大約是五十分鐘的車程。以前我都會跟她一起去看我的外公外婆，總是十分歡喜。不過，我年紀漸長，多了其他活動，讓我難以抽身，所以我母親有時候就不管我們，自己一個人過去。在這樣的美麗夏日，她知道想要叫我們任何一個離開游泳池都是癡心妄想。

　　「你們開心玩水啊，」她對我們大叫，「我幾個小時以後就回來。」

　　不過，就在那時候，我突然陷入恐慌。

　　我覺得它深入骨髓，一種無以名狀、冰寒的全然恐慌。我立刻從游泳池裡站起來，對著母親尖叫。

　　「等一下！」我大叫，「我要跟妳一起去！」

　　我母親哈哈大笑，「沒關係，妳繼續玩，」她說道，「今天天氣很好，妳就開心享受吧。」

　　但我已經急忙划向泳池邊，我弟弟和姊姊盯著我，心想不知我是哪裡不對勁。

　　「不！」我說，「我要和妳一起去！拜託，拜託等我一下。」

　　「蘿拉，真的沒關係……」

　　「不要，媽，我就是要跟妳去！」

　　「好吧，不要那麼激動，」她說道，「那就進來換衣服，我等妳。」

　　我全身滴水跑進去，隨便套了衣服，然後又衝到外頭，全身半濕狀態上了車，依然恐慌不已。過了一個小時之後，我們駛入我外公外婆家的車道，看到了我的外公——我都喊他阿公——正在後院門廊對我們揮手，我看到他，抱住了他，那股恐慌感才慢慢消退。接下來的那幾個小時當中，我與阿公都待在門廊，聊天，大笑，唱歌，講笑話。等到我們得離開的時候，我親了他一下，擁抱他，還說了一句「我愛你」。

　　自此之後，我就再也沒見過活著的他。

————

　　我不知道阿公體衰力竭，大人從來不會告訴我那樣的

事。我與他共處的那一天，他就是平常的模樣——溫暖和藹
又風趣。想必他一定是使盡全身氣力，在我面前裝出健康的
模樣。我去探望阿公的三天之後，他去看醫生，對方宣布了
令人心碎的消息，他罹患了血癌。

三個禮拜之後，阿公走了。

當我母親呼喚我姊姊、弟弟與我坐在沙發上，輕聲告訴
我們阿公過世消息的時候，我一陣激動情緒攻心，震驚，困
惑，無法置信，沉痛的悲傷，已經開始想念他的那種極度可
怕感受。

最可怕的是，我有種可怕又難受的罪惡感。

當我一知道外公過世的那一剎那，我馬上就知道當初為
什麼會陷入恐慌要見他一面，我早就知道他即將離世。

當然，其實我不可能早就知道，我甚至不知道他生了重
病。但也不知道怎麼了，我就是知道，不然我怎麼可能會堅
持要見他？

不過，要是我的確知道的話，為什麼我卻沒辦法講出
來——告訴阿公，告訴我媽媽，或者甚至是告訴自己？我不
清楚、甚至完全沒有任何頭緒知道我外公有狀況，而且我去
探望他的時候，也根本不知道這將會是最後一次。我只是隱
約有種說不出的感受。我完全不明白，但卻讓我極不舒服，
彷彿我與阿公過世有什麼牽連一樣。我覺得自己與奪去他生
命的殘忍惡力似乎有關，這個念頭讓我產生了無法想像的沉
重罪惡感。

　　我開始覺得自己一定是哪裡嚴重不對勁。我從來沒遇過哪個人能夠預知其他人死亡，而這種事居然發生在我身上，我連要從哪裡開始爬梳都不清楚。我只知道這種預知能力好可怕，我深深覺得自己不是正常人，因為我被詛咒了。

────────

　　一個禮拜之後，我作了一個夢。

　　夢中的我已經成了大人，工作是演員，住在澳洲。我身穿十九世紀的鮮豔長洋裝，我覺得自己好美。突然之間，我突然因為家人而感到一陣椎心之痛──就是我真實生活中的家人。夢中的我胸口一緊，癱倒在地，我知道自己快死了。

　　不過，我卻沒有驚醒──夢境持續不斷，我覺得自己離開了肉身，成了自由漂浮的意識狀態，可以觀察到周邊的一切。我看見家人全聚集在我倒下的那個房間，大家都在哭泣。看到他們這麼痛苦，我好難過，我想要向他們呼喊：「不要擔心，我還活著！死亡並不存在！」不過，沒有用，因為我已經再也沒有聲音了──他們就是聽不見我在講話。我唯一能做的就是將我的心緒灌注到他們身上。然後我開始飄飛，離他們越來越遠，宛若被人放開的氦氣球，我飄到了他們上方，進入某個暗黑世界──濃烈又平和的幽黑，四周有美麗燈光閃爍，就在這一刻，我看到了不可思議的畫面。

　　我見到了阿公。

　　他在那裡，就在我前方空間，雖然不是真實身體，而是魂魄——毋庸置疑，百分百是他的美麗魂魄。我的意識立刻認出了他的意識，他是一個光點，宛若深色夜空中的一顆燦星，不過那樣的亮光強大又富有磁性，把我吸拉過去，讓我心中盈滿了愛。我彷彿看到了阿公的真我——不是他的俗世肉身，而是等同於他真正自我的更強大的內在靈光。我看到了他靈魂的能量，我知道阿公很安全，而且身處在一個充滿愛的地方，我明白他歸鄉了，而且，就在那一瞬間，我也了解到這是我們大家的起源與歸屬，他回到了他的初始之地。

　　我知道這就是阿公，而且，從某方面來說，他依然存在，我覺得沒那麼悲傷了。我感受到豐盛的愛與自在，還有，在恍然大悟的那一刻，感受到豐盛的喜樂。就在我正要被吸過去、與阿公在一起的時候，我發現周圍似乎出現了什麼，把我拉回來。

　　然後，我醒過來了。

　　我坐在床上，整張臉濕濕的，我哭了，但並不悲傷，那是喜樂的淚水，我之所以會哭出來，是因為我看見了阿公！

　　我又躺回去，哭了好久。我得到了現示，死亡並不代表會失去我們的摯愛，我知道阿公依然活在我的生命之中，對於那場夢，我充滿了感恩。

———

　　一直到多年之後——其實是許多年之後——我累積了足夠的經驗，才真正了解阿公過世與周遭事件在我生命中的象徵意義。

　　我當年在游泳池裡面得到的感應，是阿公靈魂前往他處的旅程的開端。因為我好愛他——因為我與他以如此強烈的方式緊緊相繫在一起——我的靈魂能夠感受到他的靈魂即將遠行，我也明白這完全不是詛咒。它讓我得以與外公共處了最後的神奇下午，如果那不算是天賦的話，什麼才算是呢？

　　而那個夢呢？

　　那個夢讓我相信了一件事——阿公並沒有離開，只是去了別的地方。不過是哪裡呢？到底，他在何方？

　　我十一歲的時候無法回答這個問題，然而，隨著時間慢慢過去，我終於明白阿公到了靈界。

　　靈界是什麼意思？

　　我可以提供一個簡單的類比，予以解釋。把你的身體當成汽車——起初的時候簇新，漸漸變舊，然後轉為十分殘朽。等到車子變得十分殘朽的時候，會怎麼樣呢？大家就把它扔了。

　　不過，我們身而為人，並不會隨著車子而報廢。我們繼續前進，持續不輟。我們比車子偉大，車子的定義永遠不會適用在我們身上，能夠定義我們的是等到我們拋下了車子之後，我們能夠帶走的那一個部分，我們的壽命超過了車子。

　　我體驗的所有事物告訴我，我們的生命長度超過我們的

肉身，我們持續前進，努力不輟，我們比我們的身體更強大。能夠定義我們的是我們離開肉身之後、跟隨我們的那一切——我們的歡喜、我們的夢想、我們的愛，以及我們的意識。

我們不是擁有靈魂的軀殼。

我們是擁有軀殼的靈魂。

我們的靈魂永存不朽，我們的意識永存不朽，讓我們強大的那股能量永存不朽。

而靈界，就是當我們的肉身枯竭之後、靈魂前往的地方。

這樣一來，又引發了一大堆的問題。靈界是某個地方嗎？是某個星球？還是某個界域？是具體成形還是精神層次？那是中途站還是終點？它是什麼模樣？會讓我們產生什麼感覺？裡面到處都有金色的雲朵與珠光大門？那裡有天使嗎？有沒有上帝？靈界是天堂嗎？

我慢慢摸索出靈界的面貌，但直到今日，我非常確定自己只知道其中的一小部分而已。但我們要是想從靈界中尋得莫大慰藉，也不需要去全想像或理解它的全貌。其實，我們當中有許多人都深信離世的摯愛依然與我們在一起——在精神層次，在我們的心底，我們可以透過回憶、召喚到我們的生活之中。而且，那樣的信念不斷帶給我們滋養。

其實，我們的摯愛過世之後的景況，令人寬慰的程度絕對超過了大多數人的想像。因為這些遠行的靈魂與我們之間

的距離，其實比我們以為的近得多了。

以下是我透過自身天賦所知道的兩個真相：

1. 我們的靈魂會持續永存，回歸到我們稱之為靈界的地方，而且
2. 靈界與我們真的相當接近。

有多麼接近？試試看這招吧——拿一張普通的紙，握在手中，然後，把它舉到你的面前，彷彿在閱讀一樣。注意這張紙如何成為劃分空間的邊界，它可能透明薄透，只是細小的紙漿纖維束，但它依然是邊界，這一點毋庸置疑。其實，它發揮了邊界的功能，分隔了大量的分子、原子，以及次原子粒子，當你把它放在你前方的時候，你與無數的事物在這一側，還有其他的無數事物——椅子、窗戶、車子、人群、公園、山丘，以及海洋——位於另一側。

不過，從你這一側，依然可以輕易看到、聽到、接觸到紙張的另外一邊——其實，你的好幾根手指早就已經在那裡了，因為你正捏住了那張紙。兩側貌似涇渭分明，不過，其實都是同屬一氣，紙張的另一側就在那裡而已。

當你在本書中看到「靈界」這個字詞的時候，牢牢記住那個紙張的比喻就是了。你要捫心自問：要是我們在世生活與死後生活的界線，就像是一張紙那麼輕薄可透呢？

如果靈界就在那裡呢？

| 2 |　雜貨店裡的女孩

　　早在游泳池事件之前，我就一直是個古怪的小孩。

　　我非常好動，而且情緒變化劇烈。「當蘿拉一高興起來，她的開心程度遠遠超過了其他小孩，」我一歲的時候，母親在我的寶寶日記裡寫下了這段話。「不過，當她陷入悲傷，傷心的程度也超過了其他的孩子。」

　　許多小孩都坐不住，活蹦亂跳，但是我體內有一個不斷運轉的馬達，我完全關不掉。我上一年級的第一個禮拜，我媽接到了學校護士的電話。

　　「我先宣布好消息，」護士說道，「我們總算幫她止血了。」

　　我撞到遊樂園的某個梯子，前額傷口流血，我媽媽帶我去看醫生，一共縫了七針。

　　一個禮拜之後，我在臥室裡發了好大一頓脾氣，因為我姊姊受邀去鄰居泳池玩耍，我卻沒有。我敲打沉重的木頭雙層床鋪爬梯，結果它打中了我的後腦勺。我媽媽又帶我去看醫生，這次又多縫了三針，而且醫生還命令我媽媽坐下來，

詢問她許多嚴厲的問題。

　　我是小不點，個頭比別人小的瘦竹竿，剪了瀏海的金髮小女娃，但我很可能會惹來大麻煩。我媽必須定住我的手臂或大腿才能幫我穿上衣服。要是她放開我一秒鐘，我立刻就不見人影。我老是撞到東西——大門、牆壁、郵筒、停放路旁的汽車。我媽媽要是有一秒鐘沒盯著我，接下來就會聽到碰撞聲。一開始的時候，她會抱我哄我，但過了一陣子之後，她的反應是這樣：「吼，蘿拉‧琳恩又撞到牆了。」

　　我會對我姊姊克里絲汀大發雷霆，跺腳，低頭，像公牛一樣朝她衝過去，如果不是把她撞個正著、直接把她撲倒，那麼就是她趕緊跳開，害我飛衝出去。

　　「回去妳的房間，」我媽媽總是這麼跟我說，「等到妳又恢復為人的時候再出來。」

　　不過，最可怕的懲罰就是乖乖坐著不許動。

　　要是我出現格外頑劣的行為，媽媽就會命令我坐在某張椅子上，完全不許動。

　　不需要一小時，甚至是十分鐘——這一點我媽媽很清楚，我的處罰是坐著不動一分鐘。

　　而且就連一分鐘也太漫長了，我連這樣的低標都達不到。

————

我們都覺得自己的肉身堅強又穩定，但並非如此。

就與其他的宇宙萬物一樣，我們都是由因能量而不斷顫動的原子與分子所組成——它們持續在移動，這些原子與分子顫動的強度各有不同。當我們盯著某張堅固的椅子的時候，組構它的那些原子與分子狀似完全動也不動，但其實真的在動。這樣的顫動定義了所有的事物、生靈，我們並不如自己所想像的那麼堅實。其實，我們是能量，我覺得自己的顫動能量應該是比其他小孩更強烈了一點。

不過，除此之外，我的童年其實相當正常。我在長島一個名叫葛林勞恩的中產階級的小鎮長大，我父親是第一代的匈牙利移民，在高中教法文，我母親的父母來自德國，她原本是中學英文老師，把三個小孩拉拔長大之後才回去工作崗位。

我們家不是窮，但財務狀況一直很吃緊，我必須等很久才能剪頭髮，而且總是穿姊姊的舊衣服。我母親全心奉獻，讓我們三個小孩得以擁有最棒的童年。要是她買不起新玩具，就會以彩色紙板做出漂亮的汽車、火車，以及村莊。她每天都會在我們的牛皮紙午餐袋上面畫小小的風景圖與各種人物。每逢假日與生日，她會妝點全家的每一個角落。在克里絲汀的某場派對中，我母親為她和她所有的朋友做了美麗的軟帽。她不讓我們看電視，鼓勵我們激發創意，克里絲汀和我愛畫畫，我們還開了自己的小小畫廊（每幅作品一毛美金），我的母親給了我一個神奇的童年。

　　即便如此，我還是不能否認，自己是個難搞又與眾不同的小孩。

　　我六歲時的某一天，我母親帶我一起去雜貨店。我們在結帳櫃檯排隊的時候，我突然一陣激動，好想要大哭。我彷彿站在某個海濱，一陣情緒的巨大狂浪朝我襲來，害我倒地──那感覺就是這麼強烈又令人不安。我站在那裡，感應到一股難以承受的悲傷與困惑。我並沒有對母親透露半個字，然後，那名收銀員吸引了我的目光。

　　她很年輕，應該是二十出頭，而且看起來很正常，沒有皺眉或哭泣，看起來百無聊賴。但我知道她不只是覺得無聊而已，我知道她就是我感受到那股可怕悲傷的來源。

　　我正在吸納這名收銀員的悲傷，錯不了。我不知道這有什麼意義，或是為什麼會發生這種事。我甚至不知道這反應到底正不正常，我只知道我對她的悲傷感同身受，極度不適與困惑，完全無法排拒。

　　類似那樣的體驗所在多有。我有時經過街頭路人身邊的時候，會突然被一股強烈的怒氣或是焦慮強襲，有的時候，我會吸納朋友與同學的情緒，大多數的體驗都是煎熬或痛苦，但我也可以感受到幸福的心情。

　　只要我在某個特別開心的人身邊，我就會變得格外興高采烈，彷彿那些情緒不只是轉移到我身上，而且還在傳送過程中增強放大。有時候我會感受到完全無拘無束的純然狂喜，但其實那些時刻的反應不需要那麼強烈。很單純，快樂

的時刻——與朋友共享冰淇淋、在某個夏日游泳、與微笑的
母親坐在一起——都能夠讓我興奮不已，欣喜若狂。

　　時值今日，我依然能夠喚起那樣的開心時分，而且我過
度反應的特質依然存在。有時候，光是聽到某一首歌、讀了
某首詩、看了畫，甚或是咬了一口美味的食物，都會讓我覺
得爆發歡喜與幸福感。在那樣的單純時刻，我彷彿能夠以最
強烈的敏銳度感受自己與世界的連結。

　　這就表示我在童年時代會歷經狂喜到悲絕，要看我靠近
的是什麼人而定。我的心情會先出現垂直深墜，接下來又是
衝破天際的歡喜，之後是又一次的心情跳水——某種心情激
烈起伏的雲霄飛車。後來我對於這些狂亂情緒的變化也有了
心理準備，學習到要等它們消退，才能再次取得自己的平
衡。

　　發覺自己會吸納別人的情緒，也讓我向前跨進一大步，
逐漸明瞭自己為什麼會有這麼激烈的心情起伏。不過，要等
到多年之後，我才發覺自己這種特殊的天賦其實也沒那麼奇
怪，它還有個名字——同理心。

　　同理心所敘述的就是我們了解與分享他人情緒的能力。
一直有劃時代的科學實驗，尤其是賈科莫・里佐拉提與馬
可・伊雅克波尼這兩位神經科學學家的研究，證明某些動物
以及幾乎所有人類的腦部都具有名叫鏡像神經元的細胞。鏡
像神經元在執行以及感知某項活動的時候，都會觸發反應。
「要是你看到我因為心情痛苦而哽咽的時候，你腦中的鏡像

神經元就會模擬我的痛苦情緒，」伊雅克波尼如此解釋，
「你明白我的感受，因為你確實感同身受。」

　　同理心是我們人類與彼此深刻相繫的方式之一，這就是
我們喜愛的隊伍贏球時我們能夠體會喜悅的原因──因為，
雖然我們並沒有親身上陣，還是開心吸收了隊員的歡欣之
情。這也是我們會捐款給在地球另一端的悲劇受害者的原
因──因為我們能夠站在陌生人的立場感受他們的哀戚。

　　換言之，人類彼此相繫，饒富意義，至為關鍵，我們之
間有真實與重要的通達路徑。

　　一開始的時候，我對這些路徑的體驗是分享悲傷與喜
悅，後來，我把它們視為將我們集結在一起的各個光束。自
雜貨店的那一天開始之後，我明白我們其實彼此連通，而之
後的每一次體驗，也讓我對於存於人類之間的靈光有了更深
的領悟。

｜3｜　澳洲

當阿公過世的時候，我已經知道自己對於周邊的人有一種強大的通達感應力──，而且那股力量相當猛烈，我無法無法避開他們的感受與情緒。不過，在阿公死去之後，我在那個夢境裡看到了他，我也發現我可以靠某種方法連通到過世的人。

這一切讓我好迷惘。雖然能夠再次看到阿公是一種天賦，但我依然覺得自己的能力比較像是詛咒，而不是上天的恩賜。它們讓我不知所措，經常害我喘不過氣來。這樣的連結到底是什麼意思？我為什麼能夠感應得到？我明明就是怪咖吧？或者有其他的力量在運作？我需要知道自己的問題找到名稱。所以，在其實並不清楚那個字到底是什麼意思的狀況下，我想出了一個診斷的方法，某天，當我母親忙著把碗盤放入洗碗機的時候，我跑去找她，「媽，我覺得我能通靈。」

我不記得自己是何時或靠什麼方式知道了通靈。也許是電視節目裡或是書本裡的某個段落。當然，我不是完全明白

它的意涵，但我已經知道通靈可以預見未來，我不就是這樣嗎？

母親停下塞碗盤的動作，低頭看著我，突然之間，我都說了出來——關於知道阿公即將過世的事、我在夢中看到他的過程，以及我所有的罪惡感與苦，我邊說邊哭。

「我是哪裡出了問題？」我詢問母親，「我知道那樣的事，我是壞人嗎？他死掉是不是我的錯？我是不是被詛咒了？難道我就不能當個正常人嗎？」

我母親把手放在我的肩頭，讓我坐在餐桌前，然後，握住了我的雙手。

「妳聽我說，」她回道，「阿公死掉不是妳的錯，妳並沒有被詛咒，完全不需要有任何罪惡感。妳只是比別人多了一種能力——如此而已。」

這是我第一次聽到有人把我的狀況稱之為一種能力。

「那只是妳的一部分，而妳的每一個部分都很美好，」我母親說道，「這很自然，別害怕，宇宙比我們想像的更廣大遼闊。」

然後，我母親講出了讓一切就此改觀的事。我所擁有的這些能力，似乎是來自她家族的代代遺傳。

她的母親芭貝特，也就是一直被我喚作歐蜜的外婆，自小生長在巴伐利亞山區的某個小村落，家中一共有十個小孩。在歐蜜小時候，可怕的暴風雨狂襲山區，對小村莊宣洩暴怒，我外婆的爸媽會在半夜喚醒她，叫她趕緊穿好衣服，

萬一閃電擊中他們小屋的時候，隨時準備逃難。

　　這個村落如此隱僻，也限制了歐蜜與外界的接觸。她家中沒有電話，也沒有收音機，自小在傳說、民間故事，以及迷信的環境中長大。大人教導她要是在午餐前看到蜘蛛，那就表示會倒霉一整天，從羊的左邊經過是好運，但右邊就沒那麼好了。她還知道不能把鞋子放在桌上，不然就會聽到惡耗。要是她忘了什麼東西在家裡，那麼拿到東西之後最好要繞圈三下，坐下來數到十，然後才能繼續出門。

　　最可怕的是在屋內發現鳥兒，那就表示有人死期將至。

　　歐蜜小時候也學到要相信夢境的力量。她發現自己的夢中會有類似的形體反覆出現——某個暗黑人影把臉壓在窗前，伸出三根手指頭。她好恨那些夢。這種夢境出現之後的第二天早上，歐蜜會宣布接下來的那三天之中會有惡事降臨，幾乎每次都被她說中了：失敗、意外、死亡。

　　「我就只能等待，」她會這麼說，「至少現在已經結束了。」

　　歐蜜最後搬到美國，結婚，成家，撫養小孩，除了我媽媽琳達之外，還有我的大姨瑪莉安娜。不過，她的夢境一路追隨她、飄洋過海而來。某天晚上，她被一場惡夢嚇醒，德國的某個好友死了。她把日期與時間記錄下來，過沒多久之後，歐蜜收到了一封印有德國郵戳的信件，通知此人過世的消息，而死亡之日與時間和當初歐蜜所記載的一模一樣。

　　還有另一個早晨，歐蜜坐在廚房裡為九歲的瑪莉安娜編

頭髮，當時我母親七歲，就在這個時候，電話響了。

歐蜜還沒接起電話，瑪莉安娜卻脫口而出，「這是他們從德國打來找妳的電話，卡爾舅舅死了。」

「噓！」歐蜜斥責她，「怎麼講這種話，太可怕了。」

她接電話，聆聽了一分鐘，臉色煞白。是德國打來的，歐蜜的哥哥卡爾死了。

我母親覺得好奇怪，瑪莉安娜怎麼會知道這件事？她和她姊姊根本不知道有卡爾舅舅。不過，後來大家再也沒有討論過那一次的預知事件。在我母親小時候，歐蜜有一套小心收藏的特殊牌組，來自德國，非常老舊，模樣很像是塔羅牌。偶爾，通常是星期天的下午，她的堂親來訪，會請請歐蜜拿出那套牌。她會把它們攤在桌上，靠著解析紙牌，推測對方未來命運是好是壞。

不過，每當她拿出那些牌的時候，她都會發出嚴正警告。不能輕忽視之，因為每次使用它們之後，守護神就會棄絕你三天之久。

我的外婆認為死後世界的能量與托夢都是真的，而且透過這些方式傳達的訊息都是死亡、疾病或是禍事，幾無倖免。由於都是即將發生災厄的警示，所以無須歡迎或慶祝，只能默默接受。

多年之後，當我把自己是靈媒的事告訴母親，她也把她自己的那些夢告訴了我。

有一次是她在念大學的時候，她剛上床睡覺就聽到了聲

音──聽得相當清楚──她父親正在大喊她母親的名字，但
也不知道為什麼，語氣透露出驚慌的意味。

　　顯然是出了狀況！我媽媽立刻在床上坐起身，心慌意
亂，她以前從來沒有遇過這種事。當天晚上打電話回去已經
太晚，但第二天早上，她立刻撥電話回去，「爸爸還好嗎？」
她父親的地下室工程已經將近收尾，目前正在安裝瘤花松木
地板條。他使用某個銳利鋸台切割需要截斷的木條，而前一
晚當他旋轉刀切過某塊木板的時候，不小心手滑，手指頭被
切了很深的一刀。就在那一刻，他立刻大叫我外婆過去，他
人沒事，但那傷口很嚇人。

　　後來，她年紀稍長，夢到某個鄰居在雜貨店裡慘摔。她
醒來之後，一度想要打電話給那位鄰居，確定他平安無事，
但終究還是沒打這通電話。當天過沒多久之後，她聽到那位
鄰居摔倒身亡的消息。

―――――

　　此外，還有一個有關紅色電話的夢，「在我的夢中，那
具紅色電話的聲響好淒厲，我好想把它接起來，但就是沒辦
法，」我母親繼續說道，「第二天，我聽到了妳父親的大伯
在匈牙利死亡的消息。匈牙利是共黨國家，而共產黨與紅色
息息相關，這就是我夢中那具電話為什麼是紅色的原因。」
她解釋在通靈夢境或是幻象中經常會出現象徵性事物。

　　在我透露心事之後，瑪莉安娜阿姨也向我分享了故事。她說她經常會在聖誕節之前看到閃像，她會知道自己到底會收到什麼樣的禮物。有一次她夢到的是向日葵形狀的小毯，三天之後，果然就在聖誕樹下發現了那個東西。

　　瑪莉安娜對於厄難到來也有強烈預感。當然，過了幾天之後，惡事果然發生，她的說法就與歐蜜一樣，「天哪，我真是慶幸已經結束了。」

　　不過，瑪莉安娜也能看到美好正面的幻象。在歐蜜過世不久之後，瑪莉安娜看到了一隻瓢蟲，認出是來自她母親的靈訊。這些年來，只要她需要感受母愛的時候，就會神奇出現瓢蟲。我母親也會看到瓢蟲，她也相信這是母親捎來的訊息。我阿姨正準備要去醫院動手術的時候，她看到有隻瓢蟲飛入屋內。而去年聖誕節的時候，她也發現有瓢蟲在她家廚房地板緩緩爬行──這的確值得大書特書，因為時值紐約隆冬，根本就看不到瓢蟲。我阿姨與母親都相信我們已經過世的摯愛一直在世間陪伴我們，還是想要與我們觸通。

　　我阿姨擔任護士多年，也更加鞏固了她的信念，「靈界」的摯愛之人依然在看顧著我們，帶給我們安慰。她的病危患者常常會講出這樣的話，「我媽媽現在正坐在我旁邊。」或者，她會聽到病患在與病房內的人講話，過世多年、大家都看不見的隱形人。瑪莉安娜一直很清楚這種現象的意涵：病人快要往生了。面對這樣的異象，她覺得沒有什麼好奇怪的，反而覺得這很窩心──這是我們的摯愛經常會來幫助我

們進入靈界的確證。所以只要當她的病人說看到有親戚過來，我的阿姨總是淡淡說道：「好，向他們打招呼，歡迎他們進來。」

每當我阿姨或母親向我分享這種故事的時候，我都會以喜悅之心吸收沉澱。她們完全不會對於這些夢、幻象，以及靈訊抱持懷疑態度，也難怪我母親對於我提到阿公過世的先兆如此坦然。

多年之後，我步入青少女階段，我母親與阿姨送了我一份禮物，放在某個老舊毛氈珠寶袋裡的東西。我把它取出來，是一些卡片──歐蜜的那一套獨特卡組。

它們五彩繽紛，生動活潑，而且卡面圖案很神秘，有劍、盾、國王、大象、一個拿著啤酒杯的小天使，以及扛著狗兒的公豬。這些圖樣如此獨特又生氣盎然，讓我看得好痴迷。當我阿姨叫我坐下來、向我解釋每一張卡片的象徵意義的時候，我才驚覺手中緊握的是全新的語言，挖掘從未浮露之意涵的一種方式。

自從那時候開始，我很少使用那些卡片，時值今日依然如此，因為我似乎與靈界有自己的溝通之道。不過，對某些人來說，這些牌很可能是一大利器。他們可以讓腦袋安靜下來，幫助我們全神貫注於某種全新的感知語言以便接收線索，我相信歐蜜就是以這種途徑在使用這套牌組。

我母親與阿姨送給我這套牌，是鼓勵我要努力探索、泅泳其中、尋找意義的重要一大步。她們靠著這方式讓我知道

我不是怪胎，我並沒有哪裡不對勁，我沒有任何問題，而且我所擁有的某些特質，其實是根深蒂固的家族傳統。

「妳的一切都合情合理，」我母親曾經這樣告訴我，「妳的每一個部分都值得深入探索，不要擔心自己的能力，那很真實，也是屬於妳的自我。」

————

我六年級課程結束的那一天，也就是阿公過世後的九個月，我母親給了我另一個小禮物。

「這是阿公送妳的。」

我愣住不動。這是什麼意思？來自阿公的禮物？我知道他在世的時候總是喜歡為我們買美麗的禮物紀念特殊場合，他總是以各種方式享受生命，但這怎麼可能是他送的禮物？

我母親看到我的表情，向我解釋其實這是外公在他過世前買下的東西，他本來就打算在我小學畢業那一天送給我。

我把禮物捧在手中，一個小巧精緻的盒子，包在一個普通牛皮紙袋裡面，袋口紮了麻繩——這是阿公一貫喜愛的包裝手法。我坐下來，小心翼翼拆開。

看到了，我驚訝萬分。

那是一只美麗的銀鐲，上面還掛了幾個小飾板，每一個板面都鐫刻了某個澳洲城市的名字。

我把那鐲子戴在腕上，以指尖撫摸上面的城市名稱。這

個手鐲與我那個阿公夢境都與澳洲有關，純粹只是巧合嗎？
或者有更深刻的意涵？畢竟我們沒有人去過那裡，這似乎只
是隨機的意外，然而，它卻讓我們在他過世之後連結在一
起。

　　這是不是阿公叮嚀我的方式？小朋友，我還是在妳身邊
哪。

　　經過這麼多年之後，我依然會夢到有關阿公的夢，栩栩
如生。這些夢感覺格外逼真，彷彿像是正在發生一樣。我把
它們稱之為三度空間的夢。在這些夢境之中，我覺得自己輕
盈如空氣，彷彿已經再也不在肉身之內，而且，一定有阿
公，總是散發歡喜與光。我們見面聊天，純粹就是在一起消
磨時光，雖然我不記得我們聊了些什麼，但與他共處很美好
的記憶格外清晰。

　　只要作了這些夢，醒來之後一定是淚流滿面。部分原因
是因為悲傷，因為我依然想念他，但最主要的因素是因為喜
悅、愛，以及幸福，因為我知道阿公與我依然連結在一起。

| 4 |　暗戀

　　我十二歲時的某一天，我母親的朋友阿爾琳來訪，我衝到大門口去迎接她。我喜歡阿爾琳，她很風趣，個性開朗，看到我總是十分開心。不過，那一天當她走進來的時候，我卻嚇了一大跳。

　　當我看到她的時候，我聽到了非常獨特的聲音——溫和悅耳的叮響，宛若玻璃風鈴在風中起舞，不過，現在看不到風鈴，也沒有風動。然後，當我聽到阿爾琳向我打招呼的一剎那，我看到她周邊出現美麗的亮色多彩光漩。

　　我不知道自己到底是聽到還是看到了什麼。

　　當我母親與阿爾琳坐下來之後，我把剛才的事告訴了她們。

　　「哦，」阿爾琳微笑說道，「妳有很強的通靈體質，對不對？」

　　就這樣，她們兩個又繼續聊天說笑。我不知道她們是根本不相信我的話？還是覺得這也沒什麼大不了？不過，對我來說，這的確非同小可。因為我現在不僅能夠感受到其他人

的能量，而且還聽得見，看得到。

從那時候開始，我開始具有了看到身處靈光之人的能力。這種事不是天天發生，但頻率之高，已經讓我覺得習以為常。這種現象有一個專有名稱——聯覺。依照《科學美國》的說法，聯覺是「某種形式的刺激、同時引發另一種截然不同形式感知的一種感官異常混合」。舉例來說，某些產生聯覺的人會聽到顏色的聲音，而還有的人則是產生對聲音的觸覺、或是嗅到形狀的味道。

根據某些統計資料，這種狀況十分罕見，兩萬人之中才會出現一例。不過某些科學家認為比例應該沒那麼低，很可能兩百人之中就有一個，聯覺人士可能會在聽到某個音符、吃花椰菜，或是看到某行黑白數字序列的時候，見到它們周邊的不同靈光。當年十二歲的我，對於聯覺一無所知，只知道自己又多了一種詭奇能力。

也不知道為什麼，我的腦袋會把那些顏色疊加在實體上頭，宛若透過染色玻璃觀察某個物件——色層在玻璃裡，而不是在物件表面。而這些顏色也不會駐留，只是在我面前突然閃現一下，然後就消失不見。這種能力完全無傷，有時候甚至很好玩。「那個人是藍色的，」我會自言自語咯咯笑個不停，不然就是「那女人知道自己是紫色的嗎？」

最後，我發現自己比較會被藍色的人所吸引，嗯，反正就不是紅色的人。藍色給我一種平和與快樂的感覺，而紅色卻讓我覺得憤怒又負面。靠著這種方式，我發覺顏色給了我

一種解析人類的快速又方便的途徑——評估他們的能量，決定是否要親近他們。這就像是多了一種助我在世界航行的感官能力。畢竟，我本來就會根據顏色選穿毛衣，我們大家都會做這樣的事，一直如此。某些顏色讓我們心情舒暢，某些就是沒辦法。

而對我來說，唯一的差異就是，除了毛衣之外，人也有各式各樣的顏色。

————

差不多在這個時候，我第一次喜歡上了某個男孩。他名叫布萊恩，是我六年級的同班同學。只要我一靠近他，我就會發現我真的非常喜歡他的能量，那是一種全新又令人歡欣至極的感覺。我偷偷暗戀了他好一陣子，後來告訴了朋友，然後他們又告訴布萊恩的朋友，之後，我猜布萊恩也知道我喜歡上他。但是到了後來，透過了同樣的線，話又傳了回來，布萊恩不喜歡我——他喜歡的是我的朋友麗莎，我心碎了。

我也充滿了迷惘。如果他沒有感受到相同的拉力，我卻會被他這樣深深吸引，太不合理了。「但是我真的很喜歡他的能量，」當時我是這麼告訴自己——「這怎麼可能不代表任何意義呢？」失望與挫敗好痛苦，我知道單相思對那個年紀的女孩與男孩來說是世界末日，但我的感受不只是喜歡某

人而已——我覺得自己與布萊恩緊緊相繫。

最後，我走出了情傷，到了七年級的時候，又對一個名叫羅伊的同班同學發展出同樣強烈的情愫。舊事重演，話傳了回來，羅伊喜歡的是我的朋友蕾斯莉，而不是我。這一次的困惑與失望已經壓垮了我。我就是不明白，如果羅伊不覺得我有這麼重要，那麼我為什麼會覺得與他如此聲氣相契。每個晚上，我坐在自己黑漆漆的臥室，想要擺脫自己的感受，但就是沒有辦法。我只想消失，這樣就再也不需要體會這麼強烈的悸動了。

隨著年紀增長，這種強烈感受開始變成了雙向道。要是有男生喜歡我，但我卻沒有相同的感受，我會覺得悲傷至極。對於任何人來說，這都是某種難受的處境，但對我而言，這不只是認識了與我相仿的某個男孩而已——我會感受到他的能量，吸納他所有的悲傷。我並沒有那種可以一笑置之的特權——對我來說，普通青少年的情感互動讓我元氣耗盡，有時候甚至害我癱軟不起。

所以，當我邁入青少年階段，與家人以外的其他人建立關係之後，我的那些特殊能力也越來越令我惶惑。不過，這也未必都是負面效益。我在八年級第一天上美術課的時候，教室另一頭某位棕髮綠眼的女孩突然讓我目不轉睛，好像有什麼人或是事物緊緊吸引著我。那女孩名叫格溫，並不是那種我平常想要親近的人。她當時正和她朋友瑪姬講話，而且臭著一張臉。但我覺得跟她很對盤，所以還是站起來、走到

她面前打招呼。她一臉疑惑看著我，彷彿在說，妳誰啊？為什麼要來跟我講話？但我並沒有因而退縮。

過沒多久之後，格溫與我成了最好的朋友。

我們的友誼在高中畢業之後依然持續不輟。直到現在，她依然是我最長久的好友，而且依然彼此生活交融。當狀況不順的時候，我們會彼此打氣安慰，我們老愛說，兩人就是這麼合拍。

————

我十五歲的時候，我們全家到魁北克的薩頓山滑雪度假，從家中出發，開了約九小時之久。同行的還有我們家的朋友：史密斯先生，他是我爸爸的學校同事（我們都喊他李叔叔），還有他的妻子南西與他們的兩個兒子戴蒙與德瑞克，再加上戴蒙的好友凱文。凱文比我大兩歲，一八三的身高，金髮，身材纖瘦。我立刻就愛上了他的能量，開心、謙遜、溫暖、柔和、令人安心。雖然我們才剛見面，但我卻覺得自己早就認識他了。

我們住在滑雪度假村附近的公寓，某天晚上，我們大家都去了隔壁的小餐館。凱文和我坐在一起，我們開始聊天，就在這個時候，我們附近的空間突然變得一片寂靜，我感受到不可思義的能量融合，宛若有什麼事已然成了定局。我們之間的空間在挪動，連結為一，我感受到一股宛若磁吸的力

量，好驚奇，我從來沒有體驗過那種感受。

該離開的時候到了，我覺得我自己的能量在體內瘋狂旋動，但我還是努力平衡自己，裝出一臉酷樣。凱文轉身，露出溫柔微笑，低身，吻了我，親的是嘴唇。

那是我的初吻，我的世界大爆炸。

這一吻讓我得以一頭栽入凱文的能量場，邀請我直撲入內。我以前也從來沒遇過這種狀況——其他人的感情總是我必須要對付或是頑抗的力量。但和凱文不是這樣，我欣然接受，這感覺好歡欣，我深深沉浸在愛河之中。

我們成了男女朋友，度過了好幾個月的開心時光。雖然我們緊密相繫，但我輕鬆進入凱文的內心世界之後，卻暴露了意料之外的真相——凱文與我不適合在一起。打從一開始，我就發現到他的人生路途勢必會與我漸行漸遠。我熱愛書籍與閱讀，而凱文喜歡修補汽車與電子用品。我還是愛他，而且我看得出來他是一個美好體貼的人，但我明白我們註定會分道揚鑣。

可能許多人在談戀愛的時候也會體會到這樣的感覺，但我不只是有感覺而已——我確然知道這一點。

我與凱文分手的時候並沒有弄得特別轟轟烈烈。一直到現在，我依然很愛他的個性。他是我的初戀，光是這一點，就讓他在我的心中佔有獨特的地位。

不過，我的情竇初開也是一堂重要的生命課程：深愛某人，覺得他或她是你的靈魂伴侶，也並不表示兩人就必須在

一起一生一世。

　　我們可以愛上某人的靈魂，也可以在同一時間體會到我們註定無法與那個人相守。有時候，某段關係結束，代表的根本不是失敗，而是對兩人的解脫，如此一來，他們可以在各自的正道繼續前進，某些關係只是為了要讓我們領悟愛情的功課。

　　我也學到我們可以讓別人回歸自己的道路，但依然祝福對方能夠情愛圓滿，不需要有苦痛、怨懟或是憤怒的情緒。過去這些年來，我巧遇凱文多次，知道他婚姻幸福，有三個漂亮的小孩，讓我好歡喜。凱文擁有他喜愛的生活，這是我對他的滿心期盼。

————

　　與凱文分手之後沒多久，我又再次墜入愛河。他名叫強尼，是我長島約翰‧葛倫中學的十年級學長。強尼是班上的壞學生。一百八十三公分的身高，淨白膚色，棕髮，藍色眼眸。他很愛搞笑，總是開懷大笑又惡作劇，但他也很強悍，經常與人打鬥。與同年紀的多數男孩相比，他似乎更具自信，更活潑，更有冒險精神。正因為如此，大家都覺得他充滿魅力。

　　我們第一次講話是在萬聖節之夜，我和一群朋友在附近被稱之為「艾爾街口」的鬼混地點──艾爾蒙多街與艾爾克

哈特街的交叉口。我沒有穿應景服飾，可能覺得自己很酷，不想穿那種東西。強尼身穿黑色皮衣，我們四目相接，他走過來，我們開始聊天，在交談的過程中，我感受到他強烈又正向的能量正朝我席捲而來。我根本還搞不清楚狀況，已經完全迷失，強尼要打開我的心扉，根本不需要吻我，光是站在我身邊就夠了。

我潛入強尼的能量場，發現強尼的各種情緒以我從來不曾體驗過的方式、赤裸裸呈現在我的面前──就像大家常說的那句俗諺，我可以讀透他，他宛若一本打開的書。我看得出來，在他超強男子氣概的假面之下，其實蘊含了某些非常深痛的傷口。我後來才知道他父母在他小時候就離異了，而強尼在成長過程中幾乎沒有得到雙方的關愛。在他的一生當中，所有的大人都刻意無視他的存在，他好渴望被愛的感覺。

我立刻就徹底明瞭他這種硬漢行徑的緣由。當強尼發現我與他的深層自我如此合拍的時候，他向我傾吐一切──他的背景、他的恐懼，還有他的夢想。不意外，我們墜入了情網。

我與強尼的關係暴露出我能力的另一個麻煩面。由於我對他的痛苦與傷口感受如此敏銳，也讓我產生一股強烈的衝動想要修補那些問題。

我媽媽當時擔任我們學校的英文老師，當我把自己與強尼約會的事告訴她的時候，她對我說道：「那個男生？妳敢

跟他約會看看。我有次在執行導護任務的時候，他對我比中指。」

不過，等到我把強尼帶回家、母親與他聊天之後，她也立刻喜歡上了他。她也和我一樣，看到了他內心中的那頭受傷小鹿——孤單負傷的那一個部分——她想要竭盡一切幫他。在接下來的那幾年當中，強尼成了我們家的一員。

我們交往了兩三年，但就與大多數的高中情侶一樣，一路上磕磕碰碰。他吸引我的特點——深埋心中的痛苦與折磨——也讓狀況變得起起伏伏。我們分手，又在一起，然後再次分手。這就是我們關係的本質，即便我們之間具有那種直達靈魂深處的觸動，卻依然無法拯救我們。

我終得領悟，我陷在強尼的強烈情感地景之中無可自拔，所以我們的關係複雜的程度永遠令人難以承受。我知道我們永遠不會有真正的機會能夠準確囓合在一起，我明白我們相守的時間已經到了終點。

想到強尼的時候，我的心中依然有愛。我們在一起的那段時光，讓我有了更深的認知，別人會被導入我們的人生路途之中，一定有其理由。對於其中一人、或是兩人而言，永遠有必須習得或知悉的道理。我很開心告訴各位，他的路途帶引他成為擁有兩個小孩的幸福爸爸，知道了這樣的結果，也讓我心充滿歡愉。

————

　　我的能力未必能讓我在愛情世界的探索更加順利，不過，它們的確幫助我開始了解更寬廣的格局。我慢慢拼湊出我特殊能力的某種目錄。我沒有它們的名稱，也不是很明瞭它們的意義或是該如何運用。但只要我一發現新的能力，我的自我意識也就會隨之增長。

　　也不知道為什麼，我就是有辦法解析人類的能量以及吸收他們的情緒。我可以看到人們周邊的靈光，運用那些光幫助我理解自己周邊的世界。我具有看透別人生活、了解他們基本狀況的能力，比方說，知道他們的手足數目，或是他們雙親是否離異。我總是會夢到生動程度不可思議的夢境，而這些夢充滿了在真實世界之中、對我饒富意義的各種訊息。

　　而這些能力都有我所不知道的專有名稱，但那個時候我只知道那些是讓我人生充滿困惑、通常強度令人難以承受的事。我甚至不知道那些是不是我個人的獨特現象？抑或是人人都如此？

　　在青春期的時候，年歲不斷增長，我內心的那股能量也越來越激昂，這一點毋庸置疑。我找尋能夠讓我降低內在持續不斷原力的各種方式，但似乎沒有一個行得通。我覺得，這股能量一定會毀滅了我人生的所有面向，幸好後來找到了某個似乎不太可能的發洩出口：足球。

　　四年級的時候，我開始踢足球，它立刻成了我的救贖。有人讓我撲通一聲掉進某個廣闊草地的正中央，還告訴我要以跑步方式消耗心中的一切。玩足球給了我自由與開闊的感

覺，在運動的過程中，也讓我消耗了一些瘋狂的能量。

我踢得很不錯，在某個旅行聯盟踢球，到了初中的時候，我加入校隊。雖然我體型不如人，但自有一套踢球之道。足球對我的意義格外重大，超過了它對其他小孩的影響力。那不只是我的嗜好，因為我別無選擇，只能一直待在那裡奮戰。不過，我在球場上有另一項優勢──我的那些特殊能力。

我發覺自己可以解析敵對陣營球員的能量。我會站在左翼或是右翼，仔細端詳最靠近我的後衛，馬上就知道她的狀況，幫助我決定接下來的行動。我心想，那個女孩攻擊性超強，我衝過去，騙她一下，然後她會上鉤，我就能夠突破她的防守。或者，我看到某個比較消極的後衛，直接突破，她一定跟不上。有時候，我覺得對手的整個半場宛若進入無人之境，所以我可以從左邊慢慢盤球，輕輕鬆鬆攻門，我進的球數多到數不清。

這算是作弊嗎？多少吧，不過，反正我也沒辦法。我知道那些事，就是這樣。

我沒有辦法收起我的天賦，所以何不好好運用做些有建設性的事？我表現超傑出，經常登上地方報紙。

「今天蘿拉暴衝全場，」報紙會這麼寫，「她的能量無法擋。」

他們只是有所不知而已。

| 5 |　約翰・蒙切洛

感謝足球，讓我順利熬過了就學時光。我還是不知道該怎麼控制自己的能力，不過，一路走來，我已經學到了該如何隱藏。沒有人知道我心中波濤洶湧的各種情緒、詭異的色彩，還有戲劇化的夢境。

我申請就讀的是賓漢頓大學，在紐約市西北方三百多公里的一流州際大學。念大學將是我有生以來第一次在外居住，讓我又害怕又興奮。得離開父母讓我傷心，但我也覺得離家是能夠建立自我、告別童年詭異事件的一大機會。

而我萬萬沒想到的是大學生活對我所造成的影響。在這麼狹小的空間裡，塞了這麼多的學生，我覺得自己宛若陷在各種全新概念、情緒、能量的風暴之中。

在我宿舍房間與公共浴室之間的這一小段路途之中，我會與五個從來沒見過的人擦身而過，每一個人都發出了訊號聲響，而且盈滿了新的能量。我會向他們點頭致意或是開口打招呼，但同時也會被他們當下的情緒所轟炸。過了一會兒之後，遇到下一個學生，又被轟炸一次。恐懼、焦慮、悲

傷、興奮、孤單——這是我從來不曾體驗過的情緒子彈齊發。我覺得自己像是一個巨大的人形音叉，跟著成千上萬情感澎湃的青春集體能量一起顫動。

我也浸淫在傑出藝術作品與歷史及政治思維之中——某段美妙的音樂、古典畫作、慷慨激昂的演說、令人費解的詩。這一切都把我的精神層次提高到前所未有的高度，我經常會感受這種因為某事而激發的狂躍欣喜，必須要提醒自己記得呼吸。不過，才剛走出教室，經過了某個心情低鬱學生的旁邊，就會讓我從高處直墜而下，摔入深淵。這就像是涉水穿過小溪一樣，漩流與溫度不斷在變化——前一刻的水還洶湧冰冷，下一刻就變得平靜無波但熱得要命。我不明白到底是出了什麼事，而且我顯然無法阻擋，我只能待在水裡，努力不要被水波淹沒。

到了寒假的時候，我回到長島的家，與昔日的某些中學朋友敘舊。我們在舉辦高中舞會的飯店裡訂了一個房間，坐在裡面喝酒暢聊各自的大學體驗，有個名叫約翰・蒙切洛的超級好友深深吸引了我的注意力。

約翰是我見過最帥、最有活力的人之一。我們認識的起點是在我四年級的時候，他在我後背包偷塞了一張告白字條，邀請我一起去溜滑輪。我們從來沒有出去約會過——也不知道為什麼。我拒絕了他技巧高超的追求——但我一直覺得我們是要好的朋友，而且我總是會被他的能量所深深牽引，產生連結感，他的能量就是如此美好，超級正向。他是

學校裡最聰明的小孩之一，而且也是打從心底讓人覺得舒服的那種人，我們大家都覺得約翰是我們這個小團體的老大。

寒假的那一晚，約翰與我坐在飯店房間的角落，交換我在賓漢頓與他在柏克萊的新鮮人故事。夜已深沉，大家如果不是喝醉了就是早已就寢，約翰和我依然沒睡，繼續暢聊，我們之間一直就是這樣，暢聊令人不可置信的深入話題──我從來不會與其他朋友提到的那些事。當晚，約翰與我討論的是存在之本質，突然之間，約翰變得沉默，遠眺黑暗天空。

他問我，「我們死掉之後，妳覺得會怎麼樣？」

「哦，」我回道，「我知道有天堂。」

「妳怎麼知道？」

「反正我就是知道，」我繼續說道，「我知道有死後世界，而且那就是我們死亡之後的去處。」

約翰看著我，皺起了眉頭。我有股衝動，差點想要把我的澳洲之夢的故事告訴他，以及有關阿公的種種，還有我所遇到的其他怪事，但我還是忍了下來。約翰微笑，然後哈哈大笑。

「蘿拉，等我年紀大一點之後，也許會相信這種說法，」他說道，「但我還年輕，所以我還不需要擔心。現在，我就是不相信有什麼死後世界。」

我沒打算說服他，也就沒說什麼了，畢竟我也沒那個立場，這話題就懸在那裡。幾天之後，我們各自返校。

　　回到校園的一個月之後，我又作了一個超逼真的緊張之夢。

　　在那個夢境之中，我待在大學裡面——不是在賓漢頓大學，而是別的地方。我成了別人，我覺得自己快要失去意識，我想要大喊救命，但卻發不出任何聲音。

　　我有一種恐怖直覺，要是我找不到援手，我必死無疑。

　　然後，突然之間，我又成了我自己。我看到一群中學時的朋友滿臉鬱色，在我的宿舍外頭走動，他們在哭，肩上扛了東西，似乎是某個盒子。盒蓋緊閉，我看不到裡面是什麼，但我不需要，我立刻就知道盒內躺了一個人，是個男孩，我們所深愛的某個男孩，我們的老大。

　　我站在那裡，望著那一列隊伍走到我面前，我感受到一股淒絕的恐懼，因為我知道要是自己不趕快做些什麼——或者應該說是還原到初始狀態——那麼我的朋友們接下來一定會很難過，因為我們所深愛的這個男孩很可能會離世。

　　然後，我醒來了。

　　我坐直身體，猛力呼吸，陷入恐慌，望向床邊桌的數位時鐘，正好是晚上十二點。我拿起電話，趕緊打給我媽媽。

　　我的語氣已經有些歇斯底里，「媽，是不是有人死了？」

　　「什麼？沒有啊？妳在說什麼？」

　　我複述夢境，匆匆忙忙講完，當初發覺我外公過世之後的那股罪惡感與哀愁又出現了。

　　我母親說道：「蘿拉，慢慢來，沒事的。」

「媽，不是這樣，真的出事了！」我大吼大叫，開始落淚。「有人死了，不然就是馬上要死了！拜託不要離開家門！哪裡都不准去！」

我驚恐萬分，我很清楚這些逼真夢境的確都是真的。我母親一直勸我，讓我冷靜下來，她向我保證家裡的每一個人都很安好。接下來的那一整天，我都在祈禱電話不要響，十幾個小時過去了，總算稍微減緩了一點焦慮。

那天晚上，到了八點鐘的時候，我的電話響了，是我的某個高中同學。

「蘿拉，有件可怕的消息，必須要告訴妳，」他說道，「約翰・蒙切洛死了。」

————————

約翰正在申請加入柏克萊的某個兄弟會，而前一晚他喝了酒，而且喝得很多。深夜時分，大約是半夜三點鐘左右，某些兄弟會的學長叫他立刻過去兄弟會的會所，「你必須打掃乾淨，這是審核條件。」約翰一開始不從，他說他已經喝得太醉，沒辦法過去。但是那些學長很堅持，所以約翰穿了衣服，搖搖晃晃去了會所。

他卯足全力，把那裡整理乾淨，大功告成之後，他爬出通往防火梯的窗戶。兄弟會的人通常都是從防火梯離開會所，可是約翰醉得太嚴重，不慎失足，從三層樓摔下去，直

接落在車道。

　　沒有人看到他摔下去，也沒有人知道他躺在那裡。所以他就躺在柏油路面，喪失意識，不斷出血，幾個小時之後才被人發現，但那時候他已經身亡。

　　根據驗屍報告，約翰是因為頭部創傷而流血致死。他的死因並不是墜落，而是失血。他的屍體被發現的時間正好是太平洋時區晚上九點，也就是紐約的半夜十二點——正好是我從夢中驚醒的那一刻。

　　驗屍官報告也指出約翰維持意識時有時無的狀態，很可能持續了一陣子之久，他可能是沒辦法呼喊，或是喊了也沒人聽到。

　　但是我聽到他在求救。

————

　　我崩潰了。顧不得電話另一頭報喪的朋友，我已經完全失去鎮定，不假思索對他說出了我所作的夢。我覺得好悲傷，自己被詛咒了，這也確認了不論我到底是哪裡不對勁——無論我能力的來源到底是什麼——想必是邪惡之事。我被告知朋友約翰的消息，但卻沒有能力可以改變結果，怎麼會這樣？為什麼作了這樣的夢卻無法靠這條線索去搶救別人的生命？這種變態、恐怖、其實又毫無作用的能力到底是什麼？

　　知道約翰死訊的第二天，我離開賓漢頓大學，開車返家，回到了長島。我與許多中學同學相約見面，一起前往約翰的家，向他母親表達致哀之意。

　　她大受打擊，哀傷欲絕。她把約翰大學的所有物品堆疊在客廳裡，她告訴我們，要是我們想拿什麼回去的話，不需要客氣。我看到我的某些朋友彎身拿他的東西——T恤、書籍、音樂碟片、球鞋。看到這個情景讓我快吐了。拜託住手好嗎！我好想大叫，但我什麼都沒說，只是站在那裡，益發覺得孤單。

　　第二天我腦海一片模糊，載著約翰的靈車在喪禮時緩緩駛過了他的家鄉——經過了形塑他夢想與希望的地方。這場安息彌撒有超現實的感覺，彷彿我在看電影一樣。

　　眾人發表悼詞，提到約翰是一個很棒的人，但卻完全無法緩解我的悲傷，反而放大了他過世已成定局的事實，約翰走了，他不會回來了。而在這些哀慟欲絕、深愛他的人當中，也許，就只有一個人在他斷氣之前、提前知道他性命垂危，我為什麼不能救他一命？

　　我所感受的這股巨大罪惡感，讓我終於決定要開始說出自己的夢。我覺得自己是盼望有別人也「預知」此事。我告訴了三、四個朋友，都是私下對話，我說出了這場夢，每個人都是客氣聆聽，但顯然對於他們來說毫無任何意義可言。畢竟只是個夢而已，而夢又怎麼會與生死現實有任何關聯呢？

　　自此之後，我再也不提我的夢。我將我所感受到的一切都內化在心中，也許本該如此才是，也許這正是因為我無法挽救約翰而必須開始贖罪。

────────

　　我們大家都必須明瞭自我，還有我們要如何在世界找到契合自己的方式。在我的青少年時期，我有時會開始這麼想，也許這些能力與我在世間的終極目標無法切割、而且是重要關鍵。我無法逃離，也沒有辦法讓它們終止下來，所以我開始接納這樣的念頭，我的目標也許是得要找出控制它們、將其運用於行善的某種方式。

　　不過，約翰之死，再加上那個有關他的夢，就此改變了一切。

　　我的人生目標不可能與這麼痛苦艱難又揪心的事有任何關聯，那樣的「預知」不可能成善──鐵定為惡。

　　我發誓不要再理會這所謂的天賦。我不想要，我也不需要，我這一生再也不會與其為伍。

｜6｜　莉特妮・伯恩斯

　　我在約翰葬禮結束、回去賓漢頓大學之前，與長島教會的牧師相約見面。我需要找人好好聊一聊，而我的牧師顯然是人選之一。他是體貼和善的人，而且我從小時候就認識他了，他很瘦，留著鬍子，總是讓我想到了耶穌基督，也許這正是我如此信任他的原因。

　　我在教會後方的牧師辦公室與他見面，我一坐下來，眼淚就開始潰堤。我不斷抽泣，同時把一切都告訴了牧師——有關我的夢，還有約翰之死。我還告訴他我外公的事，以及催促我去見他最後一面的那股詭異衝動。我仔細端詳牧師臉龐，想要知道是否出現任何評斷或是不屑的表情，但完全沒有。他只是坐在那裡靜靜聆聽，讓我說完自己的故事。終於，在我結束之後，他開了口。

　　「蘿拉，妳在大學主修哪些科目？」

　　我把自己的課程告訴了牧師：文學、歷史、哲學……

　　「妳正在修哲學課？」

　　「對，哲學概論。」

「好，那就對了，」他語氣平實，「那些夢，還有妳的詮釋方法以及其他種種——都與妳的哲學課有關。這是妳心中那一切新思維與理論的起因，那堂課造成妳出現這樣的夢境。」

我專注聆聽他的話語，發覺自己淚水已經全乾了。我深呼吸，謝謝牧師花時間與我懇談，與他握手道別。他沒有惡意，而且他深信他在幫助我，不過，我立刻就明白其實他所說的話並不正確。畢竟，在我修哲學概論之前，我就已經具備了這些令我困擾許久的能力。

我心中有譜，在這間教會，或是其他的教會，一定都無法找到解答。我相信上帝，也認為上帝握有答案，不過，在我與牧師談話之後，我也相信上帝遠比這間磚石灰泥小教會更加強大。答案就在那裡，某個地方。

回到賓漢頓大學之後，我努力融入大學生活節奏。我並沒有把自己極度心煩意亂又失衡的狀態說出口——我就是不敢向任何人講出自己的那些能力。我想要當個一般的新鮮人，我參加派對，用功念書，與一些男孩子約會。但我卻沒有辦法把約翰的那個夢拋諸腦後，我陷入重度憂鬱。

而解救我的是好友莫琳。

她是我大學最要好的朋友，我曾向她透露了一點我那些能力的事。某天，她提到自己聽說有個住在河畔小鎮奈亞克的女子，而那裡正是莫琳的故鄉。

「她名叫莉特妮・伯恩斯，她能通靈，」莫琳說道，

「幾年前，她曾經參與調查『山姆之子』殺人魔一案，也許她可以給妳一些答案。」

我毫不猶豫，立刻找莉特妮預約了一小時的諮商。她有靈視力，能溝通陰陽兩界，也是靈療師。一九七七年的時候，負責偵辦紐約市罪大惡極「山姆之子」案件的曼哈頓地方檢察官，邀請她協助辦案。她從來沒有為自己的服務打過任何廣告，顯然一切都是靠口耳相傳。

一個禮拜之後，某個冷冽的三月天，莫琳與我開著她的紅色敞篷車、開了三個小時，到達了奈亞克。這是一座位於哈德遜河畔的美麗小鎮，宛若隱身在另一個世紀的時空之中。莉特妮的辦公室位於主街某個雅緻角落，是一棟兩層樓淡色磚現代建物。我們找到了停車的地方，莫琳祝我好運之後，自己跑去逛街了。而我焦慮、興奮，還有一點害怕。我走向一樓入口，但卻遲遲不敢按下電鈴，內心不斷在翻攪。終於，我深吸一口氣，按下電鈴，莉特妮按下了開門鍵。

莉特妮在她辦公室的門口迎接我。她三十多歲，一頭及肩金髮，還有美麗溫善的綠色眼眸。她散發出一股光熱能量，讓我立刻覺得好舒暢，我看到了她周邊的靈光——溫暖療癒的藍色。貼近她的身邊，宛若在某個冰冷寒天依偎在暖爐旁邊一樣，我原有的緊張情緒已經完全消解。

我們握手致意，她把我帶向沙發，而自己則坐在我對面的椅子上頭。她的辦公室小巧溫暖又素淨，沒有什麼吊掛水晶之類的東西，只有沙發、椅子，以及書桌，牆壁油漆是薰

衣草顏色，一個安全舒適的地方。一開始的時候，莉特妮很安靜，只是盯著我、還有我附近的區域，彷彿在打量我。終於，她臉上露出了一抹淺笑。

「好，」她的語氣溫柔又舒心，「我想妳也是我們之中的一分子。」

她平鋪直敘，宛若學校保健室的護士對某個小女孩講話：妳發燒了。而我則坐在那裡，完全不可置信。

「妳知道嗎？」莉特妮問我，「知道自己有通靈體質？」

「不知道，」我回她，「我什麼都不懂，只是覺得自己有點怪怪的。」

莉特妮微笑，「妳是不是對人特別有感應？」我點點頭。「是不是可以解析他們的能量？」我又再次說是。「妳是不是能夠看到或聽到其他人感知不到的東西？」完全沒錯。

「妳有靈視力與靈聽力，」莉特妮說，「妳有天賦，妳會在合適時刻知道要怎麼予以運用。不過，第一階段是不要懼怕這種天賦，不需要覺得自己受到詛咒，也不須羞愧。妳不是怪胎，妳的天賦很美好。」

莉特妮・伯恩斯光靠這幾句話，已經開始讓我的生命有了意義，宛若某扇巨窗的黑色窗簾突然被拉開、美麗光線傾瀉而入一樣。這是我有生以來第一次覺得認識某個了解我的人，不只是表面，而是從裡至外。

「妳有個弟弟，」莉特妮說道，「還有個姊姊。妳父親

情感豐富，但難顯於外，而妳的母親是妳生命中的重要力量。」

我們才見面幾分鐘，她似乎已經全然掌握了我的家庭狀況，然後，她又挖出更多的細節。

「妳是敏感的天生靈療者，」她說道，「而且妳經常會被那些狀況糟糕的人所深深吸引，妳想要讓他們變得更好。我還知道妳在夢裡得到了許多訊息，妳是靠自己的夢與靈界連結在一起。」

她在說話的時候，我覺得好釋然，但不僅止於此——簡直像是被寬恕了一樣。我突然覺得，也許我會在夢中聽到約翰呼喊，純粹就是因為我聽得見。這並不是因為我受到詛咒，而是因為我可以通達靈界，所以我聽得到他。也許我在約翰垂死之際夢到了他，並非表示我能夠干預或是拯救他，而是因為要讓我聽到他向我道別。

莉特妮繼續說道：「妳也是靈媒，別人的情緒，妳同樣感同身受，雖然他們根本不知道妳感受得到。」

我靜靜坐在那裡，仔細聆聽字字句句。不過就在幾分鐘之前，我還聽得到主街的汽車與卡車的聲響，但現在我除了莉特妮的聲音之外，什麼都聽不見，宛若全世界的其他部分都皺縮為無形。

「妳一直很清楚，就連妳自己還是個孩子的時候就已經知道了，妳來世這一遭有任務在身，」她繼續解釋，「有某個目標。而今年正是妳開始慢慢體悟的時刻，所以妳現在才

會感受到這一股強大推力。妳在世是為了要助人，不要害怕使用妳的力量。只要保持舒服的姿態，以妳充滿愛與療癒的力量、真正去感受他們就對了。然後，再對他們伸出援手。」

———

解析快要結束的時候，莉特妮問我是否有任何問題。我從包包裡拿出了一張約翰的照片。我也不知道自己為什麼會把它帶在身邊，不過，我知道現在一定得拿給她看。

「是個男生，」我的聲音幾乎聽不見，「是我的朋友。我帶了這張他的照片，還有他的死因……墜樓……他們不確定到底出了什麼事。」

莉特妮看了照片一分鐘之久，然後把它放下來。

「是意外，」她說道，「並沒有人推他什麼的。也許是有喝酒，不過那是出於他自願，不是惡作劇。」

然後，莉特妮不說話了。她出現了變化，雖然細微，但清晰可見——她的表情、眼神，還有行為舉止。她似乎飄向某處，我不知道到底出了什麼事，莉特妮開始傾身向前。

「約翰希望妳能夠代他向他的朋友打招呼，」她終於開口，「他說：『我在這裡，一切都好，只希望我母親能夠盡快走出傷痛。我一直過去看她，對她講話，想要幫助她，但她就是聽不見我的聲音。』」

　　這是什麼狀況？莉特妮對我講話的口氣就像是約翰一樣。就某種程度來說，連聲音都很相像，而她現在的行為舉止也宛若約翰，但怎麼會這樣？

　　「這裡非常好，」她繼續說道，「我可以盯著每一個人，注意他們的狀況。其實，我很想念大家，但我其實並不覺得自己距離眾人非常遙遠，因為我在這裡。我還在這裡，我希望妳知道我就在妳的周邊，我知道妳可以感受到我的存在。誰知道呢，也許哪一天我會回到人世、投胎作某人的子女。」

　　然後，莉特妮哈哈大笑，但那不是她的笑聲──而是約翰的笑。投胎當別人小孩的這種梗，的確就是約翰會講的話。莉特妮從來沒有見過約翰，然而她卻能讓他在位於奈亞克的這間小辦公室裡回魂過來，我感受到他的存在，我知道他在這裡。

　　「他過得不錯，」莉特妮說道，「他在這裡依然保有愛開玩笑的個性。他覺得很好──很充實。他希望你們大家知道他過得不錯，而且，最關鍵的一點，他依然愛著你們。」

　　我低頭，開始哭泣。

　　最重要的是，從靈魂深處解放的一股釋然。

　　知道約翰很好，我放心了，而剛才目睹的一切，也讓我放了心──莉特妮不知怎麼從哪裡召來了約翰──但這一切卻根本與陰森變態沾不上邊。感覺舒暢、憫恕、療癒又動人！好美！

就在那一刻，有個什麼突然合拍——發生了變化，我馬上明瞭這是我生命中的分水嶺。

我完全沒有恐懼，這是我人生中第一次覺得充滿希望。

在我離開之前，莉特妮又送了一個禮物給我，這是她在幾年前所寫的書，《培養你的通靈力》，她說道：「妳可以在書中找到許多解釋。」我好想要緊緊抱住她不放，但最後我只是向她握手致意，客氣道謝。

我衝下階梯，找到莫琳，把剛剛發生的一切都告訴她。我頭暈目眩，歡欣不已，感受到一股多年來——也許應該說一生吧——不曾出現的自在感。

當我們一回到賓漢頓大學，我就迫不及待打開了那本書，每一頁都讓我湧起一波波的熟悉感。「我的天，這就是在講我啊！」我一邊看書一邊自言自語，「還有別人也是這樣！這能力原來有專門的名詞！」

我迅速看完莉特妮的書，又跑去書店想找類似的書。我不知道自己到底要找什麼，但我在書店裡卻覺得自己被某一本特別的書所吸引。《你是靈媒：自由靈魂之道》，作者是彼得·A·小桑德斯。也真夠怪的了，作者居然是出身麻省理工學院的醫用生化學與腦科學的學者。「等到你看完這本書之後，」一開始的某個段落是這麼寫道，「評估別人性情與個性的本事，還有在事件發生之前予以感受、體會、聆聽、目睹的能力，將會成為你的日常技巧。」

我繼續讀下去，開始狼吞虎嚥，一章接著一章，讓我越

來越大受啟發。甚至還有一個名為「通靈四感」的章節，而其中的第一感就是通靈的直覺，或者，如同作者所賦予的名稱：「靈知」。

莉特妮為我所作的解析是我生命的轉捩點。由於我們見了面，我不再封閉自我、也不再拚命無視自己的能力，終於開始接納。我開始努力培養自己的能力，領悟到它們是自我的一部分——而且，它們註定將會以某種方式成為我人生道路的一部分。

莉特妮讓我覺得自己並沒有那麼孤絕，沒那麼古怪，光是這一點就是奇蹟。終於，我開始慢慢找到了答案，逐漸把拼圖的碎片湊了出來，我開始找尋自己的位置，思考自己該怎麼容身其中。

但我知道莉特妮為我做的解析並不只是為了讓我好過一點而已。這次解析的重點不是我的過往，而是我的將來。

「好好運用妳的天賦，解析大眾，」在我即將離開的時候，莉特妮叮嚀我，「妳的直覺將會成為妳的好友，所以要盡全力細細領悟。相信它，運用它，多加練習。」

「達到這樣的階段之後，妳就會進入自己的正道。」

| 7 |　前方的道路

　　我與莉特妮的那一場會面，不是我尋索答案的終點，就某種角度看來，只是起點而已。

　　她告訴我的一切，還有我在這些書籍中所看到的一切，都在在傳達出同樣的重要旨意：保持開放。對於新的概念、新的訊息流、新的可能性要保持開放。我可能已經稍微了解自己的能力，但還是不知道該怎麼運用，所以我繼續探索下去。

　　我念大二的時候，我返家去找我媽媽的朋友阿爾琳，也就是我曾經看見她靈光的那一位，她的開放能量，一直讓我深深著迷。阿爾琳是星座專家，我對此所知不多，不過，當她說可以幫我解析我的星座圖的時候，我也抱持開放態度說好。

　　這張圖描繪的是我出生時刻各個星球、月亮，以及太陽的位置。阿爾琳向我解釋，靠著這黃道十二宮的相對位置，可以仔細觀察出我的人生正道與目標。

　　我們坐在阿爾琳的餐桌前，她立刻說出了她的判斷，權

威感十足。阿爾琳說中了許多事——我不喜歡聽從別人的命令行事，我的性格兼具內向與外向，我曾經很難控制自己的所有能量。

然後，阿爾琳說出了一件完全不合理的事。

「妳的太陽位於半六合相位，而妳是土星，」阿爾琳說道，「大家信任妳，而且會回應妳。來，告訴我，妳有沒有想過當老師？」

老師？不，我不想當老師，我有更偉大的計畫，以後我要成為律師。

我姊姊克里絲汀是普林斯頓畢業的高材生，後來又在哈佛取得了法律學位，成為我們家的標竿。我覺得自己將來如果不是當律師就是醫生，但我討厭數學課，所以成為律師的機率比較大。

我把自己的計畫告訴了阿爾琳，她繼續替我解析。不過，才過了幾分鐘之後，她抬頭對我說道：「我看到一個確切的重點，教學，那是妳人生正道的一部分。在接下來的某一段時間，教學與教育將會是妳的職責之一。」

我心想，這個星座圖有點離譜，因為這是不可能的事情。我再次告訴阿爾琳，我剛剛已經說過以後要念法律預科。

「好吧，」她終於說道，「如果是這樣的話，那麼妳就會教法律，因為妳的人生道路裡早已安排了教學這個部分。」

　　不過，這次解析的重大衝擊其實是，我將註定要在這世界上扮演一個我根本還不知道、也不明白到底是什麼的角色。

　　「妳將會為人道服務，」阿爾琳說道，「那是一種全新的任務，人們一直在找尋、而且覺得受用無窮的期盼。妳有一種必須與世界分享的天賦，只是需要一些時間等待它降臨，不會立刻發生。」

　　阿爾琳甚至還知道需要多久時間──要十六年才能「從宇宙中找出妳的需求」，之後，要再過八年才能「踏出妳的步伐」。

　　聽到自己在這世界上有更遠大的目標，固然很好，但要等二十四年對我來說實在太久了，很難高興得起來。

　　解析結束，艾琳給了我一點建議。

　　「釋放妳的心靈，恣意而行，」她鼓勵我，「所需學習的一切，全部吸收；做好心理準備，迎接各種意外狀況，靠著這樣的方式，妳就可以慢慢生根奠基。」

　　我的心中突然一陣興奮，艾琳的話與莉特妮的建議十分相似：運用妳的天賦，解析眾生，跟隨妳的直覺行事。現在輪到阿爾琳鼓勵我要探索自己的能力。她證明了我找尋答案的方向並沒有錯──這是我發掘自身正道的必要舉動。

　　我擁抱阿爾琳，她在門口對我微笑說道：「祝妳有一場開心的冒險！」

————

　　回到賓漢頓大學之後，我找出一種全新的方式培養自己的能力。我覺得自己再也不需隱藏，但也不想四處招搖，我不想變成「通靈女孩」。我下定決心，絕對不會讓我的通靈能力限定了自己，因為它們只是我的一部分而已，我可以從事的項目之一，就像是講法文或是踢足球一樣。

　　我喜歡這種誠實面對自己能力的感受，暢快無比的解放，我正在學習將我的天賦融入我其他的正常生活面向之中。

　　不過，以太輕率的方式看待自己的這些能力，卻引發了出乎意料之外的後果。我在渾然不覺的狀況下，輕蔑以對，以不負責任的方式率性發揮。

　　某個晚上，我與朋友們在一個名為「老鼠」的校園酒吧一起小酌。我已經發現，只要喝了兩杯酒之後，我的能力就會開始登場，這就像是魔法公式一樣。我覺得這很合理，因為酒精會關閉我的分析思維，讓我更容易取得靈訊。喝了兩杯酒之後，關於眾人的訊息就會朝我蜂擁而來。

　　我在「老鼠」喝了第二杯酒之後，環顧酒吧現場，注意到某個長得超級可愛的男孩。他斜靠牆面，紅色棒球帽底下露出棕色捲髮，他具有一種讓人覺得很自在的陽剛能量——自信，但絕非傲慢。他大約一百七十八公分高，健壯體格，碧綠眼眸，臉上掛著一抹輕鬆隨性的微笑。我告訴朋友，我

要過去找他聊天。

她回我，「祝妳成功挑戰『老鼠的帽子男孩』。」

我悄悄溜到他身邊，他的靈光把我又吸引得更近了一點。

「嗨，」我開口，「你的名字是J開頭對不對？」

「嗯，沒錯，」他繼續說道，「傑洛米。」

更多的靈訊不斷湧入，「你有一個哥哥吧？」我說道，「大你兩歲是嗎？你還有個弟弟，嗯，七歲對不對？」

傑洛米的輕鬆笑意慢慢不見了。

「哦，還有你是信義會教徒吧？你們全家都是。你平常很少看見你爸爸，但你媽媽是你的重要支柱，你與她很親近，一直是如此，現在感情更好。」我滔滔不絕，把傑洛米自己與他家人的許多細節說了出來，他下巴掉了有五公分吧。

「妳怎麼……？」他問道，「妳是跟蹤狂嗎？」

「不，」我說道，「我只是有通靈體質。」

我開始向傑洛米解釋我是怎麼知道有關人的靈訊，他並沒有被我嚇跑，對此態度反而很開放。

我運用自己的能力釣到了男人。

我拚命想要讓自己的能力變得好玩，能夠發揮用處、帶來收穫，而不是什麼陰鬱又難以對付的東西。我開始知道要怎麼從容運用這個天賦，甚至還可以稍微充當一下玩趴的技巧。有時候，我運用的方式實在不是很光彩。有那麼幾

次——不是很多，但的確有那麼幾次——我與某人吵架之後，就會拚命找出有關對方的靈訊，如果知道有任何負面狀況，就會讓我心情好一點。她根本不知道她男友三個月內就會和她分手，這樣的念頭會讓我洋洋得意。要是我有哪個好友和某人吵架，我就會「仔細研究」那個人，告訴我朋友，「哼，她爸媽很快就要離婚了。」

　　回首過往，想到自己偶爾會不當使用自己的天賦，不禁讓我好尷尬。老實說，我不想當殘忍的人，但我才十九歲，就和其他同齡女孩一樣，我想要搞清楚自己的人生。要是我對於自己的天賦抱持輕忽態度，純粹是因為我還沒有領悟到它有多麼獨特。

———

　　我在成長、學習、演化。中學的時候，我不是很認真念書，對學業也沒花太多心思，我成績很好，但不是因為我用功。而到了賓漢頓大學之後，我對於課業的態度就嚴肅多了。

　　我有一位英國文學教授，大衛・波斯尼克，後來他成了我的導師。他的能量超級強大，當他走入教室的那一刻，我立刻就被他所深深吸引，只要站在他身邊，我就會覺得精神一振，生龍活虎。

　　在我大二的那一年，他詢問我是否願意當他的助教，我

受寵若驚，立刻就答應了。

　　我幫他設計作業與考卷，我發現自己很擅長處理教務。我自己帶約二十五名學生的討論課，甚至還為我所認識的學生改考卷──其中還包括了大三生（比我高一級的學生）。在每一個階段，波斯尼克教授都以細膩、有時候也沒那麼細膩的方式，鼓勵我發展學術興趣。

　　「這世界上的律師已經夠多了，」他對我大吼，「教書！教書！妳要去教書！」

　　我依然對於研習法律懷抱憧憬，但也想要向牛津申請當一學期的交換學生。

　　「妳的大三欸，到別的地方啦，」我朋友勸我，「去跑趴玩個開心！」但波斯尼克教授卻早已點燃了我內心的熱情，促使我持續學習──讓我坦然接受新思維以及在學術層次挑戰自我。我不想要參加派對，我想要去牛津念書。

| 8 | 牛津大學

　　牛津是回溯人類活力與思維歷史的時光機。我覺得那股活力一直圍繞身邊，無所不在。這裡是某些最大膽無畏的智者尋索真理與智慧的地方，艾略特、偉大的科學家萊納斯·鮑林，以及數十位榮獲諾貝爾桂冠的大師都曾在此就讀。這裡收藏了成千上萬的迷人工藝品——古老的日晷、早期的望遠鏡、十五世紀的哥德星盤、一三一八年的天球儀、瑪麗·雪萊《科學怪人》的手稿、一二一五年大憲章的四份原始稿件。然後，還有位於寬街、令人敬畏的雄偉「博德利圖書館」——這是全世界現存的最悠久圖書館之一，「博德」——這是大家數世紀以來對其的暱稱——是個莊嚴之地。我第一次去那裡的時候，差點就錯過了大門——厚實的拱狀石門，刻有好幾個牛津學院的紋章。入內之後，那股霉味、挑高的拱形天花板、微亮的桃花心木書桌、塞滿了古老皮革裝幀書籍的數不盡的木頭書櫃，不禁讓我放慢腳步，踟躕而行。

　　還有那些書！總共有一千一百多萬冊，每一本都是作者

力量與能量的印製物。作家艾茲拉‧龐德曾經說過,「閱讀的人一定活得元氣飽滿,書本一定是手握的光球。」這就是我第一次進入「博德」的感受——我覺得有百萬個光球在我身邊輕舞,讓我目眩神迷,心靈飽滿。我覺得這並非是我與「博德」的初遇,而是覺得回到了自己的歸屬地。

————

過沒多久之後,我就找到了舒心的日常生活作息方式。我被分配到位於教區路六十六號的某間白色小公寓,從房間窗戶望出去,可以看到一座小花園,頗有魔幻童話感。

每天早晨,我會騎著租來的藍色生鏽鐵馬前往「博德」。我花大量時間寫作、閱讀、研究莎士比亞與珍‧奧斯汀,也就是我研究的兩大領域。到了晚上,我會去當地酒吧與朋友見面,喝一杯蘋果酒加淡啤。

學院課程很嚴格,而且設定學程是學生自己的責任。我每週都會與我的兩名教授見面,在那些短暫的會面過程當中,我們會討論我的學習步調與進度,至於其他的時間,就是我自己的了。我每個週末都得要寫出一篇報告,這裡不會有寵溺,也沒有溫柔的鼓勵。這就是高空走索,不拚命求生就必死無疑的獎學金,我愛死了。我在牛津的時光也過得虎虎生風,無論我擁有什麼樣的古怪能力,牛津證實了我在學術圈也可能會有傑出表現。我從來沒有這麼拚命認真念書,

而且我也面臨了前所未有的挑戰。我幾乎所有的時間都浸淫
在學習與書海之中。我發現我並沒有下沉，而是在泅泳，
其實，我在飛翔。最後，我的努力轉化為莎士比亞的A+成
績，珍‧奧斯汀的A成績。回到賓漢頓之後，我最後一學期
的大學成績是四點〇滿分。

　　我在牛津的日子，是我人生最快樂的時光之一，我的精
神層次得到深度的滿足，我覺得自己的心靈獲得伸展，十分
振奮。旅行打開了我的心胸，讓我的精神充滿能量。我對於
自我的理解，已經徹頭徹尾改變了。

────────

　　雖然我在牛津過得十分開心，但是卻沒有影響我打算成
為律師的企圖。我已經拿到了法學院的入學許可，準備邁向
成功之路。不過……我必須承認，我內心深處的某個角落其
實並沒有這麼篤定。「妳一直很清楚，就連妳自己還是個孩
子的時候就已經知道了，妳來世這一遭有任務在身，」莉特
妮‧伯恩斯曾經這麼告訴我，「有某個目標……，妳在世是
為了要助人。」當律師符合那樣的描述內容嗎？就某個角度
來看，我覺得是。但那是我的真正目標嗎？是我的最佳正
道？要是走那一條路，能夠把我獨特的天賦向世界分享嗎？

　　就在我快要畢業的時候，安，我所屬姐妹會的某個朋
友，請我幫忙解析。我跟她不是很熟，但她聽說了我的特殊

能力，很客氣、但也非常焦急請我為她解析。她不想要派對遊戲那一套──她需要的是真正的幫助。我以前從來沒有遇過這種事，我總是拚命以輕鬆隨性的態度、與大家展開通靈式的互動，不過安需要解答。

我們坐在我家餐桌前，安立刻切入話題。

「我得知道一件事，」她說道，「我要知道是否能與我現在的男友共譜未來。」

安與某個不錯男孩交往了兩三年之久。而她就與許多在大學交男友的女孩子一樣，不確定自己是否找到了人生伴侶？抑或是這段關係就宛若大學生活一樣只是短暫存在，終有時限？我感受到她的不安與焦慮，我坐在她對面，出現了一種以往使用這些能力時、從未出現的感覺：責任感。

「我的意思是，我愛他，真的很愛他，」安繼續說道，「但是我必須知道是否該跟這個人相守一生？」

「對，」我脫口而出，「沒錯，你們會在一起，結婚，然後買房子，生小孩，而且不止一個，可能是兩三個。這就是你們共築的未來，妳會與他相守一生，過著幸福的日子。」

我看到她臉上的焦慮神情已經消失無蹤。她臉紅了，露出讓整個人都為之一亮的燦笑。她已經全然冷靜下來，從內到外煥然一新，這是我見過最美麗、最令人震撼的轉化過程。這次的解析，讓安的靈魂深處充滿了平和、喜悅，以及篤定。

不過，當天發生的轉化不只是她而已。我在為安解析的時候，也覺得自己內心起了變化。我也說過了，安本來與我不是特別親近，但在解析過程當中、以及結束之後，我覺得自己與她變得非常親密。

我們互動的某個關鍵——我吸收了她的能量，予以詮釋，然後又以特殊、饒富意義的細節，回饋給她——打造出我們之間的某種連結。沒有評斷，沒有詭異的侵略感，也不覺得這是輕薄玩笑，只有一種包含了愛、相繫，以及目標的感受。這是我第一次覺得自己受邀進入某個比我或是安都更加重要、充滿意義的深奧領域。我有了權威感，掌握了自己的天賦。

安真的嫁給了她的男友，也生了小孩。我最後一次聽說他們消息的時候，他們依然快樂攜手、共度幸福生活。

| 9 |　西多納

　　要畢業了，我應該要感到開心才是，不過，說也奇怪，感覺卻好失落。我的家人要過來參加典禮，但我卻覺得其實不需如此大費周章。畢業並不是某個生命篇章劃下句點，反而像是擴展的起點。

　　在畢業典禮的時候，我吸收了每一個人的歡欣心情、加上焦慮與哀愁強漩的集體能量，不禁讓我覺得鼓脹，失衡，好脆弱。數千人散發而出的情緒洪流，令人難以承受。我從來沒有身處過每一個人情緒都這麼一致又如此強烈的巨大群體之中，我覺得周邊的龐大能量移動快讓我昏厥了，很不舒服。

　　我知道自己得要找出遠離他人能量與情緒的方法。我已經為此掙扎多年，但我現在要進入世界之中，現在，這樣的任務更顯急迫。我全神貫注，努力阻絕其他人的能量，不想出現飽脹的感覺，我需要護盾。我開始想像身體周圍出現某種力場，一道白光從我頭頂灑落而下，包住我的身體，在我的能量瀉地的時候，即時將它封住，我覺得自己得到了保護。

———

　　畢業之後，我與好友關恩開始進行我們規劃已久的一趟旅行，前往亞利桑那州。我們搭機降落在鳳凰城，租了輛紅色敞篷車，然後拉下車頂，一路開到西多納。異世界的廣大砂岩結構——著名的紅石——隨著光線出現了從深紅到琥珀色的各種變化。這樣的景觀、氣味，以及能量令人陶醉，西多納讓我好雀躍。

　　第一天的時候，我們到了某間販賣水晶的當地商店，櫃檯擺的某個東西立刻引發我的注意，不是水晶，也不是護身符——而是名片。我拿起來，看了一下：朗恩・艾蔦斯，通靈者。

　　關恩與我都預約了。我與莉特妮・伯恩斯的那次解析意義非凡，但我很好奇她的看法是特地針對我？抑或是只要去找通靈者的人都會得到類似的解析結果？關恩與我各自解析完之後，將會互相對照彼此的重點。

　　朗恩的太太身著工作服、綁著辮子，在他們家門口迎接我們，一看到我們就投以燦爛微笑。這間房子通風良好，而且屋內盈滿美麗光線。朗恩進來的時候，他的能量就立刻電到我了，溫暖舒暢，他的一頭白髮綁成馬尾，神情和善輕鬆。他坐在某張椅子上頭，而我則坐在他對面的沙發。

　　解析開始了，朗恩盯著我，他脫口的第一句話是「燦爛的能量」，然後，沉吟許久之後說道：「那稱之為上帝之

火，與妳更崇高自我的義務有關。無論妳這一生要從事什麼，還是會與性靈息息相關。在通往妳終極之道的途中，無論必須學習什麼樣的功課，妳都會學得到。」

朗恩繼續說道：「我看到妳周邊的這種光與能量，和常人很不一樣。我發現是從妳體內朝四方散射而出的光芒，而且與無可計數的靈魂有連接，而且這種連接是妳的天生設定，這是妳已經做出的選擇，是妳的宿命。」

我很好奇，什麼是我的宿命？到底是什麼意思？

「我看到妳與一大群人相繫在一起——應該說是一大群的光之生命，」朗恩開始解釋，「他們透過妳在運作，能夠透過妳行使力量，妳所連結的是圍繞在妳身邊的某個巨大電網。我不知道妳打算怎麼運用，但這就是妳的宿命，妳將會在自己的身邊創造出許多的改變與覺醒。」

朗恩後來又以更大的篇幅、說出了關於我的事。他先是停頓許久，彷彿在專注聆聽，然後以斬釘截鐵的方式迅速說出口。他看得出來我對於能夠知道人們的訊息依然很不安，給了我一個中肯建議。「不需要這麼費力去傾聽，」朗恩說道，「它會輕輕鬆鬆出現在妳面前。當妳看到或聽到什麼的時候，不需要恐懼或猶疑。只需要去做妳該做的事，自然水到渠成。」朗恩還告訴我，不論我真正的目標是什麼，都不可能會立即找到。我會坦然接受、退卻，然後又坦然接受、退卻，將是一種來回掙扎的過程。他也看到我成婚，生三個小孩——兩女一男。而在這一切實踐之後，我才會完全接納

自己的正道。

然後，將來的某一天，「妳將會發現自己站在眾人面前，」朗恩說道，「教導、演講……有關性靈的一切。妳會以積極主動的方式打開別人的心門，會從事類似我這樣的工作。妳會移轉人類的能量，因為妳在世就是為了要助人接觸更高階的意識。妳將會教導人們，幫助他們看到那樣的層次。妳會先從事其他的事──成家，做其他工作，但妳的內心會不斷擴展──是一種會引領妳走入宿命、多種連結的觸通。妳將會進入自己的宿命，幫助教導人心。」

又是教導，我就是逃不了。

「妳還在張望與尋索，」朗恩繼續說道，「還不是很清楚，目前並沒有找到自己的需求。但其實早就在那了，並非位於妳的外在，而是妳的內在，整個宇宙在妳的內心之中。保持安靜，聆聽自我，隨著那股能量輕緩移動，我不知道妳何時能夠找到它，但它已經在那了。蘿拉，妳此生有使命在身。」

之後，我在車內詢問關恩她的解析過程。她的內容和我的天差地遠，沒有講光啊宿命啊或是與高靈的某種連結。她的解析內容就具體多了，多半是她所面臨的挑戰，還有她眼前的人生路途。

關恩與我盡情享受西多納的美景與震撼力。我們在峽谷與某名巫師一起靜坐，還在某個天然岩崩地形附近的河裡游泳。然後，旅程延續到了大峽谷，我們到達目的地，下車，

四處張望，「呃……」峽谷的壯麗與西多納不可思議的能量與吸引力完全無法比擬。第二天，我們跳進敞篷車，直接開回西多納。

回到了紐約，準備把註冊費匯入法學院、確保我秋天入學資格的時刻也到了。我的雙手緊握錄取通知信，一直沒放下來，感覺就是一整個不對勁。

狀況發生了變化。一開始是與莉特妮‧伯恩斯的面會，然後又是阿爾琳與朗恩。

然後是波斯尼克教授、接下來是牛津，然後是西多納。我本來以為自己在起點，但並不是──其實我在十字路口，在我的內心深處，早已知道該選擇哪一條道路。

我到廚房裡找我媽媽。

「媽，我不想去念法學院，」我說道，「我想要教書。」

我母親抬頭，露出微笑，那表情有早就知情的意思。然後，她過來抱住我。

「這樣啊，」她的回答簡單明瞭，「太好了。」

───────

二十二歲那一年，我拿到了中學英語教學的碩士學位。

我一邊申請教職，同時也在某間非營利組織的教育部門工作。我開始與一個名叫尚恩的男孩開始約會，兩人立刻陷入熱戀。他是音樂家，擁有美妙、優雅又熱情的能量，聽他

演唱自己創作的歌曲,總是讓我的心情充滿喜悅。我們搬到長島漢廷頓鎮的車庫改裝住屋。裡面有個寬敞通風的起居間,後方有個連通的小廁所加淋浴間,角落有個小廚房,還有一個隔間小臥房。

對我來說,這是天堂。

我有男友、碩士學位、自己的舒適小窩,甚至還有一條名叫昆西的小㹴犬。這是我所想望的一切,終於,我的人生有了意義,我覺得我對自己的那些能力產生了更強烈的連結,沒那麼焦慮了。

我在當地的免費宣傳報登了個廣告。

通靈解析

打電話給蘿拉

| 10 |　騷亂

　　看到廣告而主動聯絡我的第一個人是位年長女性，住在洛伊德尼克，那裡距離我老家並不遠。她名叫德洛蕾絲，我們安排了見面的日期與時間，我把自己的地址給了她。解析的日子到來，我緊張得要命，連呼吸都有困難，我從來沒有為朋友或是認識的人以外的對象做過正式解析，也沒有預定的計畫或是流程，我甚至不知道解析到底是什麼。萬一我的天賦失靈了呢？

　　門鈴響了，現在已經無法回頭。我打開門，看到德洛蕾絲站在那裡，整個人就和我一樣緊張兮兮。她駝背又封閉，看起來好嬌小。我帶她進門，兩人坐在餐桌前。燈光昏暗，我已經事先點了蠟燭。她流露悲戚哀求的目光凝望著我，我不確定該如何開始。

　　幸好，德洛蕾絲為我開場，自己講出之所以來到這裡的原因。

　　「我今年六十歲了，我想要領養小孩，」她繼續說道，「我想這對我來說是正確之舉，但我想要更確定一下。」

　　只要是坐在這名女子對面的人，都可以看得出來她很寂寞，也不知道為什麼，心碎欲絕。但我還知道她的其他故事——我明白她丈夫最近才過世。我之所以知道這一點，是因為我看到了他，或者，應該說我看到了某個明亮光點、我知道就是他，就在我眼睛上方的視野範圍之內。而且我看得出來他在他方，並不在她身邊。

　　當我了解這狀況之後，關於德洛蕾絲更多的訊息開始湧入。我看得出來，少了丈夫的陪伴，她完全不知所措，迫不及待想要抓住某種支撐、方向、慰藉。她失衡困惑，漫無目標，不知道該去哪裡，也不知道該做什麼。

　　不過，湧入靈訊之中最明顯的是她的痛苦，某種靈魂深處的灼燙之痛。那種會讓我們揪心與困惑的痛楚——需要答案的一種痛。我也感同身受，就像是我一生中泰半時間感受到他人的痛苦與哀愁一樣。只不過現在更強烈、更清晰，現在我已經被邀請入內。

　　在我感受到的同時，我也明瞭德洛蕾絲想要做什麼。對她來說，解答她苦痛的方式，就是讓一個全新的人進入她的生命。她想要領養小孩，填補她先生過世的可怕空缺，並不是因為真心想要養育年輕小孩。

　　在她這個年紀，她現在的狀態，領養小孩都將會成為嚴重錯誤，這一點對我來說更是十分篤定。我沒有接收到那樣的確認訊息，靈界並沒有告訴我。在她的人生道路之中，並沒有預設領養這個部分。

　　我還沒想到自己想講些什麼，卻發現那些話已經說出口了，直接傾巢而出。我不記得要組織思緒或是排定計畫——比較像是一長串的直覺，幾乎像是在為某人翻譯一樣。

　　「妳不能犯下把自我人生與別人的纏結在一起的錯誤，」我說道，「妳不能拿別人填補自己內心的空缺，妳必須要面對自己的寂寞，而且必須要找出其他方法、重新與宇宙建立連結。妳還有別的道路要走，可以參加讀書會、認識新朋友、養寵物——需要妳的愛、保護，以及慰撫的寵物，與妳註定發生交會的某個小動物。」

　　德洛蕾絲聽得十分專注，後來我才發現自己第一次當專業通靈者，結果是告訴某個寂寞的老太太要養寵物。

　　這次的解析進行了約一個小時。她離開之後，我仔細評估自己到底對她是否產生了任何的影響。就我看來，她似乎是鬆了一口氣——不再那麼緊張，壓力沒那麼沉重，宛若放下了心中的大石頭。也許她早知道領養這念頭不太對勁，很勉強，只是需要從別人的口中說出來而已。很難說我透過什麼真正的方式幫了德洛蕾絲什麼忙，但我相信我告訴她的內容都真確實在，有其意義。我再也沒有和她講過話，所以也不知道自己的第一次專業解析的成敗為何。

　　但現在的我已經變得從容，可以繼續為人解析。

————————

　　我的廣告所得到的回應源源不絕。遠遠超過了我的預期——有數十位之多。我甚至還接到了住在維吉尼亞州的某位女子的電話，詢問我是否可以透過電話解析。

　　「我不知道，」我回她，「我從來沒試過。」

　　「哦，那妳能不能試試看呢？我們看看結果怎麼樣？」

　　所以我就做了第一次的電話解析。這次還是一樣，沒有既定的計畫，也沒有系統架構，就是隨性而至。但出乎我意料之外，同時也讓我鬆了一大口氣，這次的電話解析很成功，許多靈訊湧入，宛若我們兩人比肩而坐一樣。

　　過了幾個禮拜之後，我接了一通電話，來電者名叫保羅。他迫不及待想要進行解析，所以我們安排了時間。他出現在我家公寓，坐在餐桌前面。保羅約二十八、九歲，雖然他當天有點緊張，但整體而言個性活潑又自信。我立刻接收到各式各樣的細碎靈訊，幾乎都與他的女友艾咪有關，顯然他是深愛這名女子。這場解析與我所接收到的靈訊重點，幾乎立刻就是在她、以及保羅與她的關係。

　　然後，出現了狀況，這是我第一次覺得在解析過程中有東西出現在我的後方、然後又到我的右側，不過，以往都是出現在我的前方。其實我並沒有特別注意準確的定位，純粹就是看到了靈訊，但從來不像這樣出現在後方。這比較像是在腦袋裡有思緒閃過——不是在左或右，就是在那裡。

　　但我現在發現我的視野比我想像中的更廣大。朝我而來的靈訊方向不止一個而已——還有一個嶄新、截然不同的通

口為我而開。而那個透過我右側，微微在後方、然後又衝到眼前的靈訊，清晰又逼真——某種強烈的存在。

我聽到了某個名字。是誰？出了什麼事？我不知道，我只是把自己看到聽到的一口氣說出來。

「有個名叫克里斯、與艾咪有關係的人來找我，」我告訴保羅，「對方正在告訴我有關艾咪的細節。」

這些細節的具體程度讓我瞠目結舌。艾咪鞋子的尺碼、她喜歡的包包、鍾愛的帽子，還有其他的私密事物。我滔滔不絕說出這些細節，保羅安靜聆聽，不過，我越說越多，也越來越困惑——為什麼保羅的解析是關於艾咪？而不是關於他自己？我開始替他感到不太自在，過了一會兒之後，我必須逼我自己停下來。

「保羅，真的很抱歉，我知道你前來的目的不是要聽這些話，」我說道，「我不知道為什麼你的解析都與艾咪與克里斯有關。」

「沒關係，」保羅語氣平靜，他似乎並沒有生氣，也沒有被冒犯的意思。「妳所說的一切都百分百正確，都是事實。」

聽到這樣的回答，我鬆了一口氣，但這依然無法解釋到底是怎麼回事。保羅深呼吸，告訴我來龍去脈。

「克里斯死了，」他輕聲說道，「和艾咪約會的時候出車禍身亡，當時她也在車子裡面。」

我全身一陣涼。保羅在跟我說什麼？那個克里斯從靈界

來找我？我聽到死人講話？聲音清晰得就像是他待在我家公寓裡面一樣？

在那一刻，我覺得好畏怯。我開始掌握自己的超自然能力，能夠感受到某人靈魂能量與人生道路的能力，但我從來沒有想到自己也可以是靈媒，能夠與靈界進行溝通的人。然而，在那次解析的過程當中，我卻能夠從已經過世的某人那裡知道明確特定的細節。我不需要四處翻找或是奮力挖掘——它就是直接，宛若水從打開的水龍頭流淌而出一樣。

我的反應是恐懼。我心想，這太怪了，責任非同小可，我還沒有準備好。

我才二十三歲，完全沒有具備處理這種責任的能力。我不懂與過世者溝通的意義是什麼——我好怕。我看不出這有什麼優美之處，它只讓我覺得詭異又邪惡。

以往對於自己天賦的那種負面感受，現在又回來了。

經過保羅允許之後，我繼續解析。克里斯在現場，而且堅持想要把焦點放在艾咪身上。接下來透露的靈訊是她與保羅註定要在一起，會在共同的人生道路上一起成長。他們最後會結婚，之後還會生兩個小孩。

解析結束，我向保羅道別，祝福他一切順利。對於我所提供給他的靈訊，他似乎很開心，他女友的過世男友一直在看顧著他們，他似乎根本不覺得有哪裡恐怖。

但我的內心卻在不斷翻攪。既然我能夠與過世的人進行溝通，我不知道解析將會對我接下來的人生路途造成什麼樣

的影響。我還不是很明白的是，我不只是要傳達來自靈界的訊息，我也得要負責詮釋。

如今回首過往，我就能夠明瞭克里斯努力想要做的是什麼，他想要給予保羅祝福。他證明了自己與保羅女友的連結，藉由這種方式表明他祝福她能與保羅過著充滿情愛與幸福的日子。克里斯並不是在溝通大門叫罵、中斷保羅的解析過程，害保羅吃醋或是讓這段關係複雜化——靈界不會以負面態度面對事物。我後來才學到，來自靈界的一切，都是根植於愛。

但當初的我對此毫無所知。我只知道解析保羅的過程嚇壞了我。當晚，我把這場體驗告訴了尚恩。

「我不懂這到底是怎麼回事，」我說道，「我覺得自己沒辦法，我不確定還要不要繼續做下去。」

然而，大家還是一直打電話來。我已經不再刊登廣告，但是眾人從朋友口中聽說了我的事，每個人都想要來場解析。某天晚上，我聽到有人敲大門，但是當我打開的時候卻沒看到人影，只發現門口黏了一張字條。

「我需要找妳一談，」字條上寫了幾行字，「我需要解析，請打電話給我。」

我關上門，把那張字條揉成一團，立刻把它扔了。我覺得自己受到侵擾，好脆弱，我還沒有準備承受這樣的責任。

————

　　一九九六年七月十七日的晚上，我一個人在家。尚恩在工作，應該很快就回來了。我心情放鬆，正在看書，一個稀鬆平常的夜晚。不過，過了晚上八點鐘之後，我的身體突然變得緊繃，出現不自主抽搐。

　　我挺直身體，抱緊自己，抵擋突如其來的恐懼。當我靠近傷悲之人，偶爾會有陣陣的哀愁席捲我身，但現在與那種感受截然不同——這是一種真確又深沉的恐懼、混亂、紛擾的感受，宛若世界即將毀滅。我不知道那到底是怎麼回事？抑或是起因為何？但我知道發生了可怕的事，我知道宇宙之中出現了某場騷亂

　　——悲慘、不幸、令人癱麻的消息。突然之間，我無法呼吸，我陷入恐慌，立刻打電話給尚恩。

　　我拚命吸氣，好不容易開口問他：「一切都好嗎？」

　　「嗯，都很好啊。」

　　但我覺得一切都不好。我刻意拉高聲調，因為我要忍住害自己講話哽咽的淚水。

　　「拜託趕快回家，」我開始求他，「而且要小心開車，我需要你，因為狀況不太對勁。」

　　我在等他的時候打開了電視，螢幕上突然出現重大新聞快報。有關某一航班的消息，墜機，火光劃過黑色夜空的影像。我坐下來，想要釐清思緒，但我就是無法集中注意力，但我已經知道了自己所需要的一切。

　　發生了一起悲劇，而那起悲劇已經現示在我面前。

當尚恩把車開進車道的時候，我啜泣得不能自已。「我怎麼了？」我問他，「我為什麼得要感應這種事情？為什麼我明明知道卻無法改變結果？為什麼我有這些能力？」

一種熟悉的感覺又回來了——被詛咒的感覺。

悲慘的細節在後來那幾天逐漸浮現。環球航空編號八百航班，從紐約甘迺迪機場飛往羅馬的某架波音七四七一百飛機，在夜空中爆炸，墜入長島的東莫里契斯附近的大西洋之中。而爆炸墜毀的地點距離我的住所大約只有六十四公里，機上的兩百三十人全部罹難。

墜機的悲慘情景，還有我早在看到新聞之前的強烈不安，讓我徹底崩潰。我運用天賦的進展，完全被那場意外抹消殆盡，那感覺又來了，我就是不想知道這種事。自己能夠聽到死者之聲、被要求傳遞他們的靈訊，讓我好害怕，這種責任太重大了，所以我停下一切，不再接電話。有人敲門，我也不再理會，我再也不把自己當通靈者，我發誓再也不要幫人做解析。

一切都遠去了，電話、敲門聲響，還有解析，我努力想要過著正常人的生活。宇宙暫時獨留我一人，靈界不再來訪，而我的神秘視界變得昏暗，彷彿那股曾經引導我的未知力量決定丟下我一樣，我還沒有準備好。

第 二 部

| 11 | 保持開放心胸

　　過了好幾個月之後，我不再為人解析，我拿到了第一份
教職。這所中學距離我自小生長的地方只有半小時的車程，
但兩者卻是天差地遠。這裡充斥著毒品以及犯罪問題，學校
裡面還有警衛會在走廊四處巡邏。大多數的學生都出身破碎
家庭，許多人只有爸爸或媽媽，有的只有叔叔或阿姨，還有
的家裡根本沒大人。

　　我剛進教室的第一天，就立刻發現狀況相當棘手。學生
精神渙散又態度挑釁。有一次，我在上高三英文課的時候，
某個名叫伊薇特的女孩突然起身，走到窗前，打開了窗戶，
吐口水。然後她又慢條斯理回到了座位，全班轉頭看著我，
等待我的反應。

　　我沒理她。我之所以這麼處理，是因為我知道伊薇特為
什麼會這麼做。她並不是要向我下戰書，而是要引起我的關
注。

　　由於我具有解析人類能量的能力，所以也讓我了解到學
生之間到底是什麼狀況。他們不是壞孩子——而是有需求的

孩子。他們渴望關注、照護，以及疼愛。他們不知所措，充滿困惑，期盼能夠得到指引，但他們為了保護自己才會出現卑劣與強悍的行為，他們早已習慣不以真我示人。

　　我可以感受到他們的怒氣與挫折，看得出他們的能量遭到阻隔。最重要的是，我能夠解析他們的苦痛——宛若烏雲罩頂一樣。他們缺少了成為好學生的必要條件，他們需要愛。

　　當伊薇特朝窗外吐口水的時候，我不做任何反應，我知道這是我身為老師的關鍵時刻。我明白這種態度可能造成回火——學生們以後可能會把我當空氣，但我必須遵從自己的直覺，而我的直覺告訴我不要生氣，只有這樣才能深入他們的苦痛。

　　下課之後，我走向伊薇特。

　　「親愛的，妳還好嗎？」我問道，「是不是不太舒服？」

　　伊薇特似乎嚇了一跳。

　　她輕聲回道：「我沒事。」然後就拖著腳步離開了。

　　自此之後，伊薇特每一天對我的接受度越來越高。我們聊她的生活，也幫助她學習，我們之間的連結越來越深厚，她不需要在我面前佯裝，也不需要努力引發我的注意，因為她已經有了我的關照。

　　與伊薇特的第一次互動過程之中，我的教書哲學也應運而生。我喜歡書籍，熱愛學習，但我也愛小孩。教學不只是讓學生準備考試，而是與他們進行連結，幫助他們看到自身

的光，全力發揮潛能，重點就是要讓他們知道自己在這世界裡很重要。

　　我也想要讓他們明白，他們的洞察力與能量在上課的時候很重要。要是有學生蹺我的課，我會請人幫我顧一下教室，然後我直接去學校餐廳，找到蹺課的那個學生。「嘿！」我會這麼說，「來吧，你得過來上課啊，一定很好玩！」

　　一開始的時候，他們看著我的那種神情，彷彿把我當成了瘋子，不過，後來他們還是跟我進了教室。他們並沒有不爽或惱怒，其實很開心！因為有人關心他們。

　　學期結束的時候，伊薇特來找我，送給我一張她親手做的卡片，上面有紅心貼紙。她寫道：「真是謝謝妳，我會想念妳，而且永遠把妳放在心中。」

　　我當初決定不走法律那條路，若說還有任何殘存的猶豫，伊薇特的話語也已將其一掃而空。

　　我是老師，教學就是我的正道。

————

　　現在，尚恩與我在一起已經將近一年之久，我們深愛彼此，他向我求婚，我也答應了。不過，即便如此，我還是對我們的關係感到很不自在。我與尚恩訂婚的那一晚，作了一個逼真的三度空間之夢，我的手戴了一個糖晶戒指，然後我洗手，眼睜睜看著它在水流之下消融。我醒來，知道這代表

了什麼意義，但我還沒準備好承認現實。

我們的生活節奏也截然不同。我為了準備教書，必須要早上五點起床，而尚恩卻經常為了練團而熬夜到半夜四點。我們見面的時間越來越少，吵架的次數越來越多。過了一陣子之後，我的腦中浮現了一幅景象——看到自己划著小船，慢慢駛離水岸——距離尚恩越來越遠。我可以划回去找他，不然就是繼續往前划。

我選擇後者。

我搬出我們的車庫改裝住屋，回去與我父母同住。這次的分手很痛苦，我心碎了，退縮到自己的世界之中。我不教書的時候，就是在閱讀、寫詩、到附近書店閒晃。

某天晚上，我朋友吉兒打電話給我：「蘿拉，妳必須要重返人間啊。」

她已經有了計畫——她要我和她一起出去，還有她的男友克里斯、以及他的某個死黨。

「我沒興趣。」

「蘿拉，妳必須要去，」她說道，「反正來就是了，妳一定會很開心。」

「我說真的，不用了，謝謝，」我說道，「我現在真的完全不想安排約會。」

吉兒很堅持，「這又不是什麼刻意安排，只是一群好友開心聚會而已。」

「我覺得這像是一場盲目約會。」

「好，不然這樣好了，」吉兒說道，「我請克里斯邀請兩個朋友過來，這樣的話，就不會只有妳和另一個男生。」

我想了一會兒，只要不是盲目約會，也無傷吧？最糟糕的也不過就是得熬過一段尷尬至極的時間而已。

「好，」我說道，「可是一定要確定他帶兩個人過來。」

過了幾天之後，我與吉兒、克里斯搭乘火車進曼哈頓。我心情低落，好後悔當初答應了她。其中一個身材矮小、個性外向，名叫李奇，他立刻朝我撲來，整個晚上都黏著我，另一個男人個頭高大，性格拘謹。克里斯介紹我們兩人認識，我們握手，我心中起了變化。

那是一種突如其來的強烈感覺，宛若把手指頭放在某個由冷轉熱的水龍頭底下。我不能說這很浪漫，因為那根本不是什麼感覺，我聽到了內心的聲音穿過了紐約賓州車站的嘈雜噪音，對我說道：要敞開心胸。

這幾個字已經足以化解我的負面思緒。我心想：妳不需要做任何事，只需要敞開心胸就是了。

「嗨，」他開口說道，「我是蓋瑞特。」

————

我對他一無所知，只知道他準備要去布魯克林念法學院。那天晚上，我們沒什麼機會說話，因為李奇一直纏在我

身邊。大約到了午夜時分，我們決定要喝最後一攤。那是個小地方，黑漆漆一片，充滿菸味，只有後面放了幾張桌子而已。

趁著李奇去上廁所的時候，蓋瑞特終於能夠和我坐在一起。

「好，」蓋瑞特語氣輕鬆，「聊聊妳自己吧。」

我把我的事告訴了蓋瑞特，全都說了出來。

在那間菸煙霧瀰漫的小酒吧，我對他傾訴一切。我的童年、恐懼，還有最近的分手情事。沒有加油添醋，沒有美化，就是所有的事實。蓋瑞特也個性誠實，與我相當合拍。他說出他父母離婚的事對他造成了何其嚴重的傷害，他在前幾個月剛與上一個女友分手，收場悲慘。在類似盲目約會的場合之中、作夢也沒想到能夠分享的那種故事，我們全告訴了對方。

該回家了，蓋瑞特要了我的電話號碼。

————

我們第一次正式約會的地點，在曼哈頓的某間高檔海鮮餐廳。我立刻又進入了吐露全部心事的模式。沒有文飾，矯揉做作——我們之間沒有任何的隔閡。我鼓起勇氣，把我的那些能力告訴了蓋瑞特。他很好奇，也許還有些癡迷，但完

全沒有任何膽怯。

　　我們沒有什麼追求階段，我們認識不到四個月，已經開始討論婚事。

| 12 | 報到

　　這件事發生在某個溫暖的夏季週日，紐約瓊斯海灘之上的天空。

　　蓋瑞特白天做全職工作，晚上念法學院夜校，忙得要命。他忙於工作、上課、念書，抽不出什麼時間陪我。我們交往了約一年之後，我與母親一同前往瓊斯海灘，我弟弟在這裡參加鐵人三項競賽，我們特地到達那裡為他加油。我一直很喜歡瓊斯海灘，它位於長島南方海岸的某個狹長型屏障島，是一處性靈充滿的美好之地。我眺望無盡的地平線，覺得自己與宇宙連通一氣。

　　不過，就在那一天，我卻覺得有什麼東西遮擋了太陽。我抬頭，看到一道幽暗、閃爍微光的簾幕劃過天際。當我的眼睛適應光線之後，才看出那並非全黑──而是一種層次豐富、光芒萬丈的琥珀色。而且它在動，飄飛，也不知道為什麼，感覺生氣勃勃，它讓細小的太陽光束穿漏而下，掃過整個海灘，我站在沙地裡，動也不動，對眼前這幅難得一見的震撼場景充滿敬畏。

　　當我定睛之後，我才發現這不是單一物體，而是成千上萬——數以萬計的帝王斑蝶。

　　我們正在目睹一場大遷徙，大群的帝王斑蝶，伸展黑色鑲框的亮橘色蝶翅，正展開勇敢旅程，從加拿大飛往墨西哥，提早避開可能會讓牠們喪命的嚴寒冬天。牠們似乎塞滿了天空中的每一個角落，有些甚至還大膽放慢振翅速度，暫時棲歇在人類的手臂或肩膀，然後又重新跟上以免落隊。太神奇了，我對這些蝴蝶充滿了無盡的愛，不只是因為這是無比震撼的意外場景，更因為這是一種預兆。在我小時候，我的外公只要坐在門廊，總會有棕白相間的蝴蝶固定來「探訪」他。而在他過世之後，還是有相間棕白色的蝴蝶偶爾會過來「探視」我們一家人。我們把牠稱之為「阿公」蝴蝶。等到我年紀漸長，我下定決心，要請我在靈界的守護者與摯愛特地為我化身為某個暗號，能夠讓我知道他們就在我的身邊。我挑選的是帝王斑蝶，因為橘色是我最愛的顏色。帝王斑蝶一定會在重大試煉或重要抉擇之前顯靈，讓我知道他們在陪伴我，我並不孤單。

　　現在，真的是天外飛來一筆，牠們出現了！我面向我母親，緊抓她的手臂。

　　「沒錯，」我說道，「宇宙正在向我傳達訊息，這些帝王斑蝶在歡慶！有神奇的事要發生了！」

　　我的目光緊緊跟隨著這大群帝王斑蝶，直到牠們成為遠方天空的一抹暈色。牠們宣告的是什麼消息？我很好奇，宇

宙想要告訴我什麼？

　　第二天，我發現自己懷孕了。

————

　　當我發現自己懷有身孕的那一刻，一切都變得了然於心。就在那一瞬間，我對於自己尚未出生的那個孩子，感受到一種無與倫比、完全無法抗拒、毫無任何保留的愛意。

　　這種感受濃厚，無可動搖。我覺得自己與更龐大、更富有意義、遠遠超過渺小的我的某種事物，產生了連結。我屬於某個廣袤、美好神奇事物的一部分。我現在成了某個新生命進入世界的大門！我覺得自己好榮幸，心情平和，我的小孩將會在愛的環境中長大，她會成為勇敢堅強的大人，將會改變這個世界！突然之間，蓋瑞特與我偶有爭吵就一點也不重要了。我們會吵架，是因為我們還得要成長與改善自我，但我們應該要攜手一起成長與改善自我。這將會是艱鉅任務，但我們將會互相幫助，成為那樣的人——以及那樣的父母——我們天生註定如此。這不只是我的正道，而是我們的正道。

————

　　我們在長島的某間信義會教堂成婚，安穩邁入婚姻生

活。在我預產期的前三個禮拜，我生下小孩，在漢廷頓醫院的某間產房，我們的漂亮女兒報到了。

她名叫艾許莉。

她好小，好粉嫩，真是肥嘟嘟，還有她的小小眼睛腫得睜不開。當我抱住她的時候，我覺得這並不是我們初次見面——我覺得我早就認識她了，她一直是我的一部分。如今，她出現在我的面前，我感覺自己的靈魂能量也增為兩倍，現在的我比以往更強大。我對艾許莉的無盡愛意已經改變了我——我在成長，漸漸到達了別的層次。由於艾許莉的奇蹟，我的生活從此變得截然不同。

———

環球航空編號八百航班墜機事件讓我的通靈解析劃下句點，將近三年的時間，我完全封閉了自己的天賦。我依然還是會解析眾人的能量——這一點我無法避免——但是通往靈界的大門已然關閉。

不過，就在我發現自己懷孕的前幾天，我開始感受到一股奇異的能量。有時候，我覺得自己精力充沛，必須要立刻綁好球鞋的鞋帶、出門跑步。我覺得自己又回到了踢足球的歲月，能夠讓我平靜下來的唯一方法就是連續奔跑好幾個小時。我不知道這些能量到底從何而來，我就只是靠著長跑，把它消耗殆盡。

　　不過，自從我發現自己懷孕之後，我的能量變得比以往更加強烈。我也開始接受到閃逝而過的訊息——字詞、畫面、噪音、場景——就像是我在進行解析時的過程一樣，這種現象持續到懷孕結束。不過，自從艾許莉出生之後，我就努力不去想它，繼續過著正常人的生活，我沒有興趣讓靈界回到我的生活裡。

　　過沒多久之後，我就領悟到究竟發生了什麼樣的改變。艾許莉出生，打開了她原本世界與此一世界之間的光門。只要那道大門一打開，就不可能關上了，靈界已經衝了進來。艾許莉報到，讓我的心中充滿了豐富強烈的愛——而且讓我以某種美麗深奧的方式與人性連接在一起。

　　某天早上，我在上班之前告訴蓋瑞特：「我覺得我應該要重啟解析。」

　　我剛結婚，也是新手媽媽，在某間新中學卡到了有望拿到終身職的位置。現在蓋瑞特有全職工作，晚上還得去念法學院，我為什麼想要再次打開靈界之門、讓那一切進入我們的忙碌生活之中？我別無選擇。

　　蓋瑞特告訴我，「這可能會妨礙妳的教職。」

　　「那我就以匿名方式進行。」我就是沒有辦法拒絕我收到的靈訊洪流，無法對那股拉力置之不理。

　　這一次，我是在eBay上面刊登拍賣訊息。我使用的是中名，琳恩，而且自稱是靈視者。我的解析起標價格是五美元，不知道有沒有人願意買單。不過，才不到一天的時間，

已經有好幾個人下標，最後的成交價是七十五美金。得標者是亞利桑那州的某名中年警官。

解析那一天到來的時候，熟悉的焦慮感又回來了，我不知道這次會不會有任何人或是任何訊息顯靈。

我在約定好的時間打電話給那位警官，立刻有兩個人影顯靈——他的爸爸和媽媽。他們到來是為了要讓兒子安心，好好安慰他。他們讓他知道他們很好，很平靜，而且以他為傲。他媽媽說出他在她過世之前所為她做的一切，而他父親表示，當初自己是死於心臟病，所以他們沒有機會道別。他們還告訴他，因為他當初來不及說出的話而留下的罪惡感，也該放下了。到了解析結束的時候，警官的語調變了，聽起來如釋重負，甚至可以說很開心，我知道這次的解析對他來說是一場深刻的療癒。我們掛電話的時候，我覺得既疲累又開心。

艾許莉不只是打開了一道門，而且還將它大大敞開。

————

我知道蓋瑞特對於我的行為不是很放心。他對於我的天賦一向抱持開放態度，而且也支持我，不過，他現在看得出來，這些解析將會成為我生命中的一大重點，他很焦慮。

「妳怎麼知道自己不會連結到邪惡世界？」他問我，「妳怎麼知道自己不是在與魔鬼溝通？」

　　的確是合情合理的問題，而我唯一的答案是，我就是知道。我之所以明白，是因為在我解析過程中顯靈的一切都很美好，而且都是根基於愛。但話說回來，我現在也還沒有進行太多次的解析，固然感覺美好舒暢，但萬一不是的時候怎麼辦？我到底是讓什麼東西滲入到我的家與我的家人？

　　我找不到好答案。

　　然後，有一天有個年紀與我相仿、也同樣有個女兒的女子來找我解析。不過，她的女兒海莉在三歲時過世了。

　　在解析的過程當中，我感受到一股壓得人喘不過氣來的哀愁，我知道這位母親被困在下方。那裡有一層又一層的罪惡感，因為那位母親覺得自己無法救回海莉，辜負了女兒的期望。她開始離群索居，幾乎不踏出家門，對節日置之不理，迴避朋友，每天的二十四小時都在飽受煎熬。她的生活、她的心、她的靈魂——全都嚴重碎裂，我對話的對象是一個已經不知道該如何活下去的人。

　　一開始解析的時候，有一個小小的身影顯靈，我看得出來是女孩。這小孩將她母親的一切全告訴我——因為讓女兒失望而嚴重自責、凝凍在哀傷之中。然後，她把手放在自己的肚子上，我知道她想要表達什麼。

　　「她顯靈了，」我告訴這位母親，「她說她是因為肝臟出狀況而離世，妳不管做什麼都不可能改變結果。她還說，她本來就沒有辦法與你們相處太久，她註定來世一遭，感受無條件的愛，但她本來就無法久待。她說，妳不能把哀傷與

罪惡感混為一談，必須要放下罪惡感。妳覺得自己身為人母辜負了她，因為妳因為沒有辦法救她，不過，妳的角色並非救她一命，妳的角色是愛她。」

電話那一頭出現長久的靜默，不時傳出微弱啜泣聲。這名女子勇敢美麗的女兒顯靈，表達安慰——決意要幫忙療癒她母親——受到無比感動的人不只她母親而已，我也一樣。

過了幾天之後，我收到那位母親寄給我的郵件包裹。

她寫信告訴我，我們的那場解析解開了她的謎團，讓她終於能夠舒暢呼吸。知道她女兒還在她身邊，讓一切也為之改變。經過了這麼漫長的一段時間之後，她終於能夠走出家門、與朋友見面，她女兒救了她。

除了那封信之外，還有一個以保麗龍紙仔細包裝的東西。某個小瓷器人像——嬌小的天使。這位母親向我解釋，她是在女兒生病前買了這個天使，因為它長得很像她女兒。自她女兒過世之後，這個瓷器天使成了她最珍惜的物品——她以為，這是她唯一的連結，能夠通達被帶走的那個美麗靈魂。

不過，現在她寫道，希望我可以收下這個天使。她還是很珍惜，但她說她覺得自己已經沒那麼需要它了。

我把那封信與天使給蓋瑞特看。他看了信之後，偷偷躲到一旁，過了一會兒之後，他回到客廳，坐在我身邊，手裡拿著那個小天使。

「妳的解析改變了她的生命，」蓋瑞特說道，「傷痛麻

痺了她，她被困在自己家裡，不想活了，而與妳通話之後，
她又想要繼續活下去，這封信裡的一切都純粹正向又美好，
這完全是療癒，妳的行為與療癒息息相關。」

　　蓋瑞特這番宣告，增強了我的意志。我的天賦讓我一直
陷入天人交戰，現在我知道我應該要接納它。要是沒有蓋瑞
特，我不知道自己是否能夠達到這個境地，最後，我們一起
走了過來。

| 13 |　螢幕

　　我第一次開始做解析的時候，還與尚恩住在一起，當時的我並不明瞭解析是什麼。我只知道我可以讀取某人的能量，還有，這種方式能夠給予我關於此一對象的人生道路與目的之片段靈訊。最後，我領悟到我也可以連通已經在靈界的人，我可以成為在世者與過世者之間的「橋梁」。我明瞭自己有責任將顯靈的一切予以詮釋，翻譯各式各樣的靈訊。一開始的時候，這很困難，就像是學習外語一樣。但隨著時間嬗遞，我也越來越得心應手。我開始明白特定暗號的意義。這就像是玩某種通靈啞謎遊戲——而且，我的表現很不錯。

　　即便如此，我還是沒有辦法培養出一套我能夠在各種天賦之間來回切換、而不會產生混淆的解析規則。不過，自從艾許莉出生之後，來自靈界的訊息變得更清晰強烈。我必須找出更有條理的方式與靈界溝通。過沒多久之後，我研究出一套解析方法，就像是我面對教書與教室管理一樣，我也想出了一套以更有效率的方式、通連死者的運作體系。

　　起初，我發現我以電聯方式進行解析的時候最自在，因為我更能夠全神貫注。這並不表示我面對面或站在一大群人面前解析的時候欠缺效率——純粹就是透過電話的遠端解析就能讓我宛若隱身，成為單純的工具。

　　一開始的時候，我進入臥室，關上房門，將室內的光線調得十分昏暗。接下來，我以練瑜伽的姿勢坐定之後，開始脫去襪子。這個動作貌似愚蠢，但是當我的腳底互觸在一起的時候，似乎能夠產生一種讓能量持續在我體內暢流的迴路。

　　我閉上雙眼，專注自己的呼吸。等到我一準備好之後，就會戴上無線耳機，聯絡準備解析的對象——也就是問事者。然後，我會再次閉上雙眼，在解析時全程保持專注，只有當我感受到靈界抽回能量、輪到我自己的能量開始轉動的時候，才會睜眼。

　　等到問事者接聽電話之後，我會簡單解釋我接下來會怎麼做，還有問事者在解析過程中會扮演什麼角色。我會向對方解釋，當我在解析的時候，我會把它當成一個光之三角——我自己的能量注入問事者的能量，還有對方的靈界摯愛的能量。我也會要求問事者必須把所有疑問留到解析結束，因為我希望靈界能夠在解析的過程當中可以盡力表達出問事者想要知道的一切。我也會解釋解析就像是一場通靈啞謎遊戲。字詞、數目、名字、日期、標誌、畫面——各式各樣的事物都會顯靈。而我的任務就是詮釋靈訊，予以傳達。

我會告訴問事者，要是我說出什麼不合理的事，那麼就不該
硬是套用在自己身上，而是應該告訴我真的兜不起來。

比方說，「靈界」可能會讓我看到一顆大蘋果，意指問
事者是位老師。不過，我也可能會詮釋錯誤，詢問對方：
「你是不是喜歡烤蘋果派？」如果問事者覺得不對勁，那麼
我就會退回去，努力重新解釋那幅畫面。但要是問事者很客
氣，努力拗下去，那麼可能會錯失靈訊。我也告訴問事者，
只要他們了解我所傳達的訊息，就算我不懂也沒有關係。這
種狀況經常發生。問事者的摯愛會傳達某個靈訊，而問事者
可以精確掌握其中的意涵，但我卻搞得一頭霧水。然後，等
到解析結束，或是在事後電郵聯絡的時候，問事者會向我解
釋靈訊的意義，通常是非常特殊的事，甚或是只有他們才懂
的笑話。靈界透過我傳達出這種私密訊息、但卻沒有讓我知
道裡面含義的迂迴方式，總是讓我忍俊不禁。

在解析過程當中，只要我全力連結成功，就會出現一塊
視域，心中的一塊空白長方形──被我稱之為「我的螢幕」
的區域。我的螢幕很像是教師的黑板，這一點絕非巧合。這
是我形塑與組織想法、幫助我與靈界溝通的東西。我的螢幕
上會出現圖片、標誌、影像，有時候甚至是一小段短片。

經過練習之後，我能夠把那個螢幕一分為二。左邊是通
靈活動區，我一定是從那裡開始解析，因為它可以幫助我對
正方向、將我的能量連通問事者的能量。我會在這裡看到問
事者的核心靈光，對方靈魂正道的色相圖。比方說，要是某

人的核心靈光是橘色，那麼我就會知道對方是藝術家，正道是創作，而且生活之中充滿了藝術。藍色則表示直覺性強烈的高階靈魂，此生任務是療癒者或是教師。

通常，我會在問事者的核心靈光之中看到一種以上的顏色。我也可能會看到與問事者正道相關、迅速出現的第二道獨立靈光。它會以線條的方式呈現出來，讓我可以迅速看出這名問事者的起始能量，還有對方目前擁有什麼樣的能量。它們也可以讓我看出這名問事者未來的色相圖。比方說，要是我看到左邊是黃色，中間是綠色，而右邊是橘色的話，我就知道這意味著此人歷經了疾病、沮喪，以及低能量的階段，目前正處於轉化與成長期，之後將會進入創作高峰與盛產期。

螢幕的左側，同樣也是問事者的靈魂導師以光點現身的地方。靈魂導師是進化的人類靈魂，功能是導師，幫助指引我們走向自己的世間正道。我們大家都有，通常是兩三個為一組。

左側也可以讓我看到這名問事者的生命水平時間軸。這些時間軸看起來就像是歷史年表，在特定的年紀會畫出垂直線條，標示這名問事者生命之路的重大事件，過去與未來都有。

我會一直在螢幕的左邊——解析靈光、評量能量、檢視時間軸——直到我看到與感覺到有人把我「推入」我的右側螢幕。右邊螢幕進一步劃分為上方、中間，以及下方等層

次，而這些段列正是我看到微小但活力十足光點的地方，這些光點是我們靈界訪客的能量。我將螢幕右上方保留給母系那一方，右下方則是父系、朋友、表堂親，以及同輩通常比較接近螢幕中間區域。

　　只要這些光點出現，通常會讓我看到字母、詞彙、姓名，以及影像。我會挑選這些線索，確定它們到底從何而來，努力詮釋，然後將它們傳達給問事者。我也能夠「聽到」這些訪客的聲音——這被稱為靈聽力——但這種聽訊的根源，不是來自體外，而是來自我的體內，與你「聆聽」某種思緒是一樣的方式。

　　除了我的螢幕之外，靈界也會運用我的肉身傳達靈訊，這是所謂的超感應力。在解析的過程中，我能夠產生真正的感受——壓力、緊迫感，以及苦痛。我可能會覺得胸口一陣重壓，宛若有人坐在我身上，或者，我可能會覺得無法呼吸，心口突然一陣亂跳，或是有燒灼感。我也可能會聞到煙味、感受到熱度，或是體會到其他的數十種感覺——我會解碼這一切，對應特定狀況。我可以判斷靈界會以哪一種感覺傳達心臟病（突然亂跳），又是哪一種傳達慢性心臟衰竭（我的肺部積滿液體的感受）。

　　這些感受都是解析過程中語彙的一部分。也許這就是我天生的教師因子，但這套溝通體系，的確能夠幫助我保持解析有條不紊又有效率。要是沒有這套方法，我可能會被任性程度宛若週五下午高中生一樣的靈魂所擺布。就連我實施這

套條理分明系統的時候，有時候他們還是很不受控！我告訴問事者，每一個人的解析都不一樣，因為大家在靈界的親友各不相同。在某些解析過程中，靈界的摯愛會一次出現一個，分享想說的話，然後再換下一個。有時候，那就像是一場自由參加的通靈大會，每個人都會插嘴，互相討論。無論他們是以什麼方式顯靈，似乎總是很開心能夠得到我的關注——以及問事者的關注。

　　各位可能會很好奇靈界是怎麼知道運用我的螢幕或身體，甚或是他們如何找到我。我的答案如下：他們就是知道。我們靠著光束與我們的摯愛緊緊相連，而那些光束永遠不可能斷裂。大家可以把它們想成是一種愛的魚線，要是你拉其中一段，另一段就會感受到那股拉力。而待在靈界的對象總是在密切觀察兩個世界之間的通道，他們能夠找到自己所需要的大門。

　　問事者必須知道的最重要的一點，就是他們不需要靠靈媒，也可以與已經過世的摯愛進行溝通。如果我們能夠敞開自己的心胸，就會開始看到他們給予我們、讓我們感受到他們存於我們日常生活之中的各種徵兆與靈訊。

| 14 |　愛與寬恕

　　等到我建立了自己與靈界的溝通體系之後，我的解析也變得越來越清晰，效果也越來越好。其中一個例子是名叫喬安的中年女子，她從自己的朋友那裡聽說了我的消息，聯絡我要做解析，她先前從來不曾有過這種經驗。

　　我們才剛通電話，喬安的父親就立刻顯靈，他說他在三十年前過世，自殺身亡。他向喬安道歉，還說他當時離世的時候思慮不周。喬安告訴我，她知道這都是真的，她早已在多年前體諒也寬恕了父親。

　　然後，她父親給我看了一個小動物，某隻小貓咪。貓咪與他在一起，窩在他的腳邊。喬安的父親告訴我，讓女兒知道這一點很重要。

　　「喬安，這聽起來有點奇怪，」我說道，「但妳父親讓我看到他身邊有隻小貓，還說要讓妳知道小貓很好，這一點非常重要。」

　　喬安沉默不語，過了好一會兒之後才開口。

　　「我明白他的意思，」她說道，「我從來沒有讓任何人

知道，但我現在可以告訴妳。」

　　在喬安還是小女孩的時候，曾經聽過有人說貓咪永遠可以安全落地，她想要親眼看到這是否為真，所以她抱起家中的小貓，一隻名叫「硬毛」的小東西，喬安把她帶到他們家五樓公寓的某扇敞開窗戶前面，將她丟下窗外。小貓咪掉落在人行道，死了。

　　其後的五十年，喬安一直因為自己的作為而心懷深沉痛苦的罪惡感。她一直無法拋下自己是可怕之人的念頭，一直無法原諒自己殺死了這隻小貓。正因為如此，她生活之艱難與陰暗也超過了應有的程度。

　　現在，在解析過程當中，她父親顯靈告訴她：放下吧，不要再掛記了，妳心懷的罪惡感並不屬於妳，原諒妳自己，放下吧。

　　喬安與父親之間的交流令人相當動容，對喬安或是對我來說都是如此。在解析過後，喬安開始慢慢放下自己的罪惡感，耽溺在過錯的時間變少了，久而久之，她改變了對自己的基本觀點，不再是一個可怖無感之人，而是一個良善可愛的人。她欣然接受光之正道，變身為一個更清朗、更好的自己。

　　我們的愛與寬恕的能力——接納別人與自己的失誤——是我們最強大的力量。在喬安的解析過程當中，靈界向我現示了這一點。這是我們所有人的重要一課，因為愛與寬恕恆久不變，我們生活中總是會有人渴求寬恕，有時候那個人就

是你。

　　對，我們可以不必抱持寬恕之心過日子，而且這是我們的常態。我們會撂下這種話，「他做出這種事，我永遠不會原諒他。」我們會心生不滿數年之久，有時候是數十年，甚至是連對方過世之後亦然。有時候，這種無法寬恕的狀況會跟隨我們離世——等到我們進入靈界之後，才恍然大悟我們彼此的關係會持續到死後，而對寬恕的渴望永遠不會消散。要是我們無法學會這堂課，我們就無法走入光之正道、成為最好最真懇的自己。

　　不過，這裡有個最美麗的好消息：寬恕，永不嫌遲；而且開口請求寬恕也永不嫌遲。

　　這次喬安的通靈解析，讓我學到「靈界」的一切作為都充滿了愛。靈界流通的就是愛，要是我們不開口尋求寬恕，在靈界的他們也會想辦法原諒我們——就像是喬安的爸爸一樣。

　　我們不需要靠靈媒的解析才能得到靈界的寬恕，只需要發出請求就對了，將自己的思緒投向自己的摯愛，當你朝靈界請求寬恕的時候，你的摯愛一定會接受到訊息。而你寬恕已逝摯愛的方式，就是直接原諒對方；而我們尋求原諒的方式就是自己直接提出。寬恕——無論是我們自己的需求，抑或是贈與他人——都是一份神奇之禮。

　　我親眼看到寬恕如何改變了喬安。寬恕，讓她終於得到了療癒。

———————

　　還有另外一個例子，讓我在早期做解析時深刻學習寬恕的力量。芭爾波，某名五十多歲的女子，也是從某個朋友那裡聽說到我的事。芭爾波在賓州自家廚房打電話給我，在解析進行的時候，我聽到她轉述了我的一些話給她先生聽，也就是東尼，他就在她的附近。

　　「他根本不信這種事，」芭爾波告訴我，「他覺得死就是死了——入土，人就不見了。不過，反正我要妳跟他談一談就是了。」我還來不及出口抗議，她已經把電話交給了東尼。

　　我心想：啊，天哪，這樣是要怎麼進行下去？難道靈界會在懷疑論者面前顯靈嗎？東尼語氣不悅，對我打招呼，這就等於在告訴我，他才不會相信這種事。我深呼吸，等待為他顯靈的人，真的出現了——是他的父親。

　　他說，他名叫羅伯特，有重要的靈訊要告訴兒子。

　　「你父親出現了，他有重要的事想要告訴你，」我對東尼說道，「而且，我必須弄清楚、以正確的方式說出來，這一點非常重要。你爸爸想要請我轉達，他對於皮帶的事感到非常抱歉。」

　　東尼在電話線的那一頭不發一語，我繼續說下去。

　　「你父親想要讓你知道，當他過世進入靈界之後，他檢視自己的一生，終於明瞭你的行為，而他對於皮帶的事覺得

很歉疚，」我說道，「他懇求你寬恕他，希望能夠得到你的原諒。」

我聽到東尼在低聲哭泣。

他父親對我現示更多的訊息，對我現示某一事件，以那種出現在我腦海之中、被我稱之為「短片」的格式顯現出來。我看到小東尼坐在床上，臥房房門緊閉。然後，我看到他握著一條皮帶，看得出來那條皮帶對他的意義非同小可。我將這些畫面向東尼複述，他冷靜下來之後，把經過告訴了我——他以前從來沒有向別人吐露過這件事。

東尼七歲的時候，在某個寒冷的十二月夜晚參加某場男童軍大會。他在會場拿到了一個自製皮帶的工具箱，他好興奮，因為他有個很棒的點子，要為他爸爸做皮帶當聖誕節禮物。

他在會場努力做皮帶，雕出花樣，打洞，裝上了環扣。然後，他把它帶回家，藏在外套口袋裡，所以可以繼續完工。他直接進入臥室，繼續埋頭苦幹，他太興奮，忘了要把垃圾拿出去，這是他晚上的例常工作。

東尼忘記把垃圾拿出去也不是第一次了，他父親會發飆，不過，就在那一晚，東尼的父親氣沖沖朝他房間走去，猛力推開房門，十分暴怒。

然後，他看到了皮帶。父親緊抓著它、抽打兒子。沒打多久，只持續了幾秒鐘而已，卻對東尼與父親之間的某種神聖關係造成損害。

「後來，我一直沒有給他那條皮帶，」東尼說道，「我從來沒有把那段往事告訴他，也沒有向任何人傾吐，我總是覺得自己多少讓他失望了。」

東尼的父親再度顯靈。

「沒有！」我告訴東尼，「你爸爸說，是他讓你失望了。他說他只是當時不明瞭狀況，但現在他知道了。他真的很抱歉，請求你的原諒，他希望你要知道他有多麼愛你，你一直是個超級優秀的兒子。」

我發現自己必須要強忍淚水——但並不是因為這個悲傷的故事，純粹是因為我看到了東尼與他父親之間的美麗光束。東尼一生都懷著此一傷口，現在我已經感覺到他逐漸釋懷。我親眼目睹了一場父子之間的偉大療癒過程——在他父親死後所發生的事。

「爸爸！沒關係，」他的聲音嘶啞，帶有濃重情感。「沒關係！請轉告我爸爸，真的沒關係。」

「你不需要我轉告他，」我說道，「你其實可以自己告訴他，他一直在你的身邊。一直在那裡陪伴著你，只要說出自己想說的話就行了，他聽得見你。」

東尼把電話還給妻子，我聽到他在後頭講話。

「爸爸，沒關係，」東尼不斷重複，「沒關係，沒關係，真的沒關係。」

從這次的解析過程當中，我明瞭連接我們與我們摯愛之間的光束絕對不會斷裂，就算是我們離世之後也一樣。透過

解析東尼與喬安，讓我看到即便在死後，關係也能演變得更
加緊密的那種過程。東尼的父親靠著某種方法，領悟了在世
時自己無法明瞭的真相，我發現我們的思緒與行動會對身處
靈界者造成巨大影響——我們可以幫助他們藉由我們的愛與
諒解繼續成長，我們有能力療癒我們所愛的人。

| 15 |　你的所屬

　　每一次的通靈解析，都讓我得到更多的收穫。雖然許多來找我的對象正面臨人生的十字路口，不知何去何從，但我很清楚自己的角色功能並非是提供建言。靈界會傳達預兆與訊號，幫助我們自行做出合適決定。

　　我第一次見到瑪麗‧史塔非的時候，我就知道她擁有特殊的靈魂。她是專門照顧身心障礙兒童的寄養家庭媽媽。我以前曾經為她做過解析，但她又來找我做解析，因為她面臨了重大決策——是否該領養她的某名寄養兒童？名叫艾莉的那個小女孩？我們才一開始解析，瑪麗就切入重點。

　　「要是我收養艾莉的話，會不會對我女兒梅莉亞造成傷害？」

　　我沒有明確答案，反而看到了瑪麗的靈光。紫色，所以我知道她此生是幫助其他人邁向正道的高靈。不過，就在瑪麗亮耀紫色靈光的外圍，卻出現了一層黑影。

　　「黑影表示妳覺得自己正在受困，」我告訴瑪麗，「它裹住了妳的能量。這並非表示妳接下來會過著悲慘人生，只

是意味接下來的生活並不容易。

　　然後，有關艾莉的事就變得更清晰了。

　　「靈界一直把艾莉推離她的原生家庭，」我說道，「艾莉已經逃過了一場死劫，因為輕忽所引發的死亡關卡。現在，繼續走下去，我看到了一條充滿各種可能性的線，我看到了許多道門，各式各樣的結果，最後的成果不止一個，而且，還有另外一個家庭可能會收容艾莉。」

　　藉由過往的解析，我已經知道瑪麗生活的某些細節。為人母，是她終其一生的夢想。她當社工，就是因為想要與小朋友在一起──尤其是那些受創的孩子們。她已經結婚了──她先生坦迪是一位優秀的鑽探工，同時也從事環保工作──後來，她懷孕，但是四個月之後就流產了。她又試了一次，結果亦然。某次懷孕的時候，她在劇痛中醒來，必須立刻衝向醫院。

　　「妳很幸運，」有位醫生這麼告訴她，「要是再晚個幾分鐘就來不及了。」不過，瑪麗卻不覺得自己幸運。

　　全部算起來，她一共流產了六次。

　　她心情沉重，放棄了身為人母的夢想──就連當寄養家庭的媽媽也一樣。沒有親生的小孩，她覺得自己在情感的層次、無法好好處理最後會被送回原生家庭的寄養小孩。瑪麗反而弄了個小小的狗舍，讓自己周邊被狗兒所包圍。她重新安排了自己生命的優先順序，已經忘了自己的夢想。

　　然後，某天早上醒來，她覺得想吐，她馬上就知道自己

又懷孕了。這次懷孕很辛苦——所有的一切都不對勁。妊娠毒血症、高血壓、住了醫院兩次，醫生逼瑪麗在床上躺了足足四個月之久。但她卻滿懷期盼，她甚至還為自己的小女嬰取了名字——梅莉亞，這是為了紀念瑪麗的阿姨咪咪。「只要有暴風雨將至，咪咪就會說：『強風吹襲的時刻，就是梅莉亞出現在門口了。』我就是想為自己的小孩取那個名字。」

瑪麗三十九歲生日的一個禮拜之後，寶寶在還沒有足月的狀況下出生了。她才一呱呱墜地，護士就把她抱走了，瑪麗只能等待她寶寶狀況的消息。她強壯健康嗎？至少有個兩點多公斤吧？過沒多久之後，有個護士過來報告消息，不只是二點多公斤而已，甚至超過了三公斤。

梅莉亞足足有四點八公斤，而且很強健。

梅莉亞的奇蹟讓瑪麗對另一個夢想重燃力量——成為養母。

———

「可是梅莉亞呢？」瑪麗在我們解析的時候詢問我，「要是收養艾莉的話，會不會讓她很受傷？」

「一切發生自有因緣，」我說道，「艾莉將會對梅莉亞造成許多改變，不是以負面的方式，純粹就是辛苦，但這並不表示是壞事，只是有波折而已。艾莉會一直挑戰梅莉亞，

但我看得出來梅莉亞有超凡靈魂，無論發生什麼狀況，梅莉亞的靈魂會一直吟唱，將來一定會持續吟唱下去。」

瑪麗一開始是靠提供喘息照顧的方式、走上寄養家庭母親之路，她把小孩帶到她賓州鄉下的家，短居一段時間，讓他們平常的寄養父母有喘息的機會。瑪麗從來沒有收容過嬰兒與小朋友，因為他們很容易就找到地方安置。瑪麗收容的是青少年，他們通常個性暴怒又孤立，不然就是粗魯，難以掌控。無論小孩到底有多麼愛生氣，瑪麗都能夠看透那層怒氣、認出傷口，她可以看到他們良善與脆弱的一面。

「青少年不知道自己的歸屬，不知道哪裡是自己的容身之地，」她告訴我，「尤其是那些沒有家人的小孩，更是如此，他們被拒絕或拋棄、不然就是被開車送走。有時候他們的表現行為像是壞胚子，但其實他們沒有那麼壞，只是想要試探別人而已。」

有一天，瑪麗接到「孩童保護中心」某名社工的電話。

「我們有個小孩，希望能由妳暫時照顧一下，」社工說道，「只需要兩個禮拜就好，我們會想辦法找到永久安置方案。」

瑪麗問道：「她在哪裡？」

「她在這裡的某間辦公室，我們用柵欄圍住了她。」

「柵欄？為什麼？」

「因為她咬每一個人。」

那小孩三歲，名叫艾莉，是殘虐案的受害者。她的家庭

因為家暴而破裂，艾莉與她的母親在街上流浪了好幾個月。她們也住過收容中心，但都待不久，因為艾莉的攻擊行為總是害她們被趕出去。她會咬人、揍人，還會刮傷人。而且，還有一次，她像野獸一樣嚎叫、在教室裡追著老師跑。

而且，她還有一種會強迫把自己手裡所有東西吞下去的失調症——指甲、原子筆、蠟筆，甚至是垃圾，她在不當場所亂抓大人的惡名遠播。她已經快要四歲，但還不會說話——連單字都沒有辦法。社工們把她比作是在森林裡長大的小孩，在她那厚厚一疊檔案資料之中、每一頁提到她的時候都會稱她為「野獸」。

「瑪麗，我必須要警告妳，」社工說道，「艾莉是我遇過最棘手的案例。」

現在把另一個小孩接回家中，對瑪麗來說並不是恰當時機。她最近剛摔倒，斷了腳踝。而且她光是處理梅莉亞就分身乏術，七歲的她，最近被診斷出一種名為「感覺處理失調」的注意力不足症。各種不同的感官刺激——強光、巨大的噪音、襪子的違常縫線——都會讓梅莉亞抓狂，害她在整間屋子裡不斷蹦跳，不然就是變得很偏執。現在這一場亂局又加入類似艾莉這樣的麻煩小孩，對梅莉亞、瑪麗的丈夫，甚至對瑪麗自己而言都不盡公平，她有成千上萬個理由說不。

然而，她內心的吶喊卻是：好。

瑪麗將她第一次與艾莉相見的情景告訴了我。她與梅莉

亞站在自家門廊，盯著一輛藍色吉普切諾基停在房子前面。其中一扇車後門突然打開，某名社工現身，懷裡抱著一頭金色捲毛亂髮的孩子。這個小女孩穿著破舊的球鞋，顯然尺寸是太小了，外罩過大的髒兮兮白T恤，還有破爛短褲。這孩子看起來昏昏欲睡，其實更像是被下了鎮靜劑。

社工把艾莉帶到門廊，讓她坐在柳編椅上面，瑪麗問她是不是還有其他衣服。

社工說道：「沒了，就這樣。」

艾莉緩緩睜開雙眼，表情茫然。

梅莉亞低聲說道：「她看起來好像戰爭受虐兒哦。」

瑪麗看著社工們開車離去，艾莉現在成了她的麻煩。她好不容易鼓起勇氣，往前跨了一步、接近那孩子，艾莉抬頭，那雙遲鈍空茫的雙眼看著她。

「嗨，艾莉，」瑪麗開口，「這是我的女兒，梅莉亞。」

梅莉亞輕輕揮手打招呼，艾莉沒有任何反應，然後，瑪麗說道：「我是……」

不過，她還來不及繼續講下去──名字還沒說出口──艾莉已經做出奇怪舉動。她舉高右手，伸出食指，抵住太陽穴，然後又指向瑪麗。

然後，艾莉開口：「媽咪。」

　　瑪麗完全沒有準備好迎接艾莉，這麼瘋狂、暴怒不安、完全無法預測、靜悄悄——總是嚇死人的那種沉默。

　　瑪麗第一次載艾莉出遊的時候，艾莉抓住安全帶的金屬環扣、猛砸梅莉亞的臉。又過了幾天之後，艾莉拿無線電話攻擊梅莉亞。看到梅莉亞眼睛烏青、鼻子腫了起來，讓瑪麗淚流滿面。又有一天，瑪麗看到艾莉挖摳球鞋鞋底的污泥、然後吞了進去。而艾莉上餐桌的時候，是直接伸手拿食物塞入嘴巴。當瑪麗送艾莉去日托中心的時候，會聽到其他小孩子這麼說：「哦別吧，艾莉來了。」她心都碎了。

　　「她媽媽什麼時候來接她？」梅莉亞問道，「拜託，媽咪，趕快把她送回家，她好壞。」

　　把艾莉送回孩童保護中心很簡單，而且，可能也是明智之舉。不過，瑪麗還是決定要按原來的計畫，留艾莉兩個禮拜再說。過沒多久之後，社工們開始逼瑪麗收養艾莉，因為他們找不到願意收留她的家庭。但梅莉亞怎麼辦？瑪麗能不能在不要傷害自己女兒的狀況下幫助艾莉？這似乎是不可能的事，瑪麗不知如何決定，煎熬了好幾個禮拜之久。

　　終於，有名社工告訴瑪麗，她必須盡快做出決定。「我們得立刻為艾莉找到一個家。」

　　瑪麗回她：「我還需要多一點時間考慮。」

　　「沒時間了，我們現在就需要安置她。」

　　「好吧，隨便你們。」瑪麗嚥住淚水，「就送到別的家庭吧。」

　　第二天，一對四十多歲的夫婦來到瑪麗家中，整天都與艾莉待在一起。瑪麗知道要是給這個家庭領養艾莉的機會，那就表示她會失去親自撫養的機會。打從艾莉喊她媽媽的那一刻起，瑪麗就覺得自己與這個小孩緊緊相繫在一起。不僅止於此，她也覺得自己對這小女孩的幸福有責任，但她也必須要考慮梅莉亞。

　　瑪麗望著那對夫婦把艾莉放入他們的車內，驅車離去。然後，她回到臥室，緊閉窗簾，躺在床上大哭。

　　過了幾個小時之後，瑪麗聽到那輛車停在屋外的聲響。她從門廊看到那女子帶著艾莉下車，艾莉扭動全身、揮舞四肢，想要掙脫那女子的手臂。瑪麗懂了：艾莉拚命反抗，就是想要回到她的身邊。

　　瑪麗走下門廊台階，艾莉撲向她的懷抱。就在那一瞬間，瑪麗心中浮現清晰強烈的念頭：這小孩是我的。

　　「我們玩得非常開心，」那女子說道，「我們去了游泳池，大家都下水，艾莉很高興。」

　　但瑪麗幾乎聽不進去，她知道自己應該要怎麼做。艾莉緊抱她的大腿，但是知道歸知道，並不會讓下決定變得比較容易。

　　「媽咪，為什麼我們必須要留下艾莉？」梅莉亞問道，「妳、我，還有爸爸已經是閃亮金三角了。」

　　「對，」瑪麗回她，「但我們也可以變成真正璀璨的鑽石。」

　　瑪麗對於她生命中的抉擇，從來沒有如此篤定——也從來沒有如此猶豫不定——就在這時候，她打電話找我。

————

　　「靈界不能給妳有關艾莉的建議，」在我們的解析過程中，我這麼告訴瑪麗。「因為這個抉擇是妳靈魂試煉的一部分，妳得要自己作主。重點是妳要探索自己的正道與生命目標，接下來會如何就得要看妳自己了。」

　　我知道這不是瑪麗想聽的答案，我明白她期盼有明確的指引。

　　在解析過程當中，靈界已經在瑪麗告訴我之前向我現示還有另一個家庭很樂意接納艾莉。「他們沒有自己的孩子，而且他們已經準備好要領養她，」我告訴瑪麗，「現在已經有了連結，我看出妳給了另一個家庭機會。妳做出放手的決定，心生痛苦，因為這是諸多可能性的其中之一。艾莉可能落腳他處，還有許多出口等著她，但某些並非正道。」

　　沒有答案給瑪麗，但靈界想要努力撫慰她，因為她陷入極度痛苦。

　　「妳必須要了解，無論結果如何，妳已經對艾莉付出了許多，」我說道，「已經對她的一生產生了遠大的影響。」

　　瑪麗問道：「那梅莉亞呢？」

　　我專注聆聽，脫口而出了這些話。

「往前走，」我說道，「妳必須要讓愛指導妳前進，往前走只有一個路標，就是愛。當妳下決定之後，讓愛成為妳的指引，而不是恐懼，永遠要以愛引路。」

————

今晚，距離當初的那場解析，已經過了將近有十年之久，瑪麗的賓州住家生活變得更加混亂。

自二○○五年之後，她收養了五個有特殊需求的孩子。其中一個才一出生就被傳染了毒癮，另外一個是被領養家庭送回來，還有一個被殘虐。他們都在社福體系裡待了好幾年，不斷更換寄養家庭，直到遇見瑪麗之後才定下來。

當瑪麗提起這些孩子時，對於他們一路走來的漫長歷程總是充滿了愛與讚美。她第一次遇到他們的時候，他們是「慘中之慘」，她說道：「如果他們不是在這裡，很可能是在住院或坐牢、待在精神病院，不然就是死了。與他們相比，艾莉根本不像問題小孩。不過，我好愛他們，我讓他們在家自學，由我授課，我們家就像自成一格的小教室，我們的小烏托邦。最小的一個因為某件事發怒，大吼大叫：『我想要離開這裡！』我告訴他：『你不會離開這裡，你是這家庭的一分子，我們有恆久不變的關係。』」

瑪麗並非獨力撫養這些孩子。當然，她有一個超棒的丈夫，還有梅莉亞，現在她已經長大了，成了一個美麗、敏

銳、樂於付出的年輕女孩，幫忙養育自己的那些收養的妹妹。

而且，瑪麗還有另外一個在家中四處奔忙的特殊幫手，女兒艾莉。

————

回到二〇〇五年，經過了我們的那一場解析之後，瑪麗決定要收養艾莉。

「那是我生命中最艱難、但也是最美好的決定之一，」她說道，「艾莉成了全世界最可愛的人，她拚命學習發音與其他事物，而我需要她好好學習、讓她能夠在生活中產生安全感的東西，她一直會努力吸收。我領養她的時候，她不會閱讀，連講話也不行。現在她可以每分鐘讀一百三十個字，而且也能表達出自己的感覺。她會用雙手比出愛心的形狀，對我說道：『媽，我愛妳。』她是我見過最有愛心的人之一。」

在艾莉的某份評量報告中，某名社工曾經寫道：「她受創太深。」不過，瑪麗卻注意到沒有任何人看到的東西。「我見到艾莉的靈魂光度，」她說道，「她只是需要被教導如何去愛人。」瑪麗與艾莉曾經接受過依附治療，重新創生艾莉生命中所缺乏的重要相繫時刻。

「有一天，艾莉跑到我面前問我：『媽咪，我是從妳肚

子裡蹦出來的,對嗎?』」瑪麗回憶過往,「我反問:『妳覺得呢?』艾莉回我:『我覺得我是從妳肚子裡蹦出來的。』我回她:『對啊。』」

　　瑪麗與艾莉共同創造了她們的母女互動史,瑪麗開始了解到自己的人生正道未必順遂,瑪麗說道:「我知道我想要留下艾莉,而且我應該要這麼做,但如果因此會傷害到梅莉亞的話,我就不想這麼做了。」不過,留下了艾莉,反而成了梅莉亞的一大恩賜。

　　「都是因為艾莉與我的妹妹們,讓我的整個人生產生巨大變化,」現在,梅莉亞說道,「我在他們身上獲益良多。我看得出來他們有多麼愛我,還有他們的愛何其純粹、毫無保留與界限。這讓我想要成為妹妹們心中認定的那個人,讓我期盼自己能夠匹配他們的愛。」其實,梅莉亞打算要念職能治療,日後可以幫助類似艾莉這樣的孩子。

　　回首過往,瑪麗‧史塔非發覺當她決定要當艾莉母親的時候,強大的力量發揮了作用,她的抉擇關鍵是愛。「幫助我領悟一切的是愛,」她說道,「不只是因為我對艾莉的愛,也有艾莉對我的愛,還有艾莉對梅莉亞的愛。打從我做出決定的那一刻開始,我的生命就得到了無限豐盈的祝福。」

| 16 | 永遠的家人

在我教書的第二年，我接受了長島某間學校的教職，那裡約有一千四百名學生，一直是本州名列前茅的公立學校之一，共有十六種運動項目的校隊，二十四門大學先修課程，還有活動力旺盛的音樂與劇場社團。我好愛那裡，立刻就有了家的感覺。

結果，我身為老師的自信快速揚升，我的那些特殊能力也一樣——使用得越頻繁，也就更加得心應手。這兩條線的進展令人雀躍，我這才發現這兩條平行的道路其實並不像是我當初誤以為的那麼疏離。

身為靈媒，幫助我在教師崗位上不斷成長，而我的天賦則幫助我體悟到重視學生與我的連結關係的重要性，讓我得以深刻觀察學生的真我與他們的需求。

同樣的道理，身為老師的經驗也幫助我釐清與精煉自己的那些特殊能力。它們幫助我領會自己的解析與學習、詢問，以及探索其實是息息相關——重點反而不是答案。而我在這兩個位置也有相同的目標：幫助大家找到真正的潛能。

　　話雖這麼說，我還是小心翼翼，徹底區隔這兩種生活面向。倒不是因為我覺得自己的靈媒身分丟人現眼，而是不想冒險丟掉老師的工作。我不確定大家會作何反應，而且我也擔心萬一學生知道的話，可能會造成大家分心。所以我要確保學校裡沒有人知道我的另一個身分——學生不行，其他老師也不行，當然校長更不可以。

　　有時候，在平常與某名同事聊天的時候，我也會接受到來自對方的靈訊。如果我覺得應該要分享，我會小心翼翼說出類似這樣的話：「這是我個人一點意見……」或者是：「我有個直覺……」但是，有一次我和喬恩在講話，他是和我相當投契的老師，我也很喜歡他的能量，突然出現了一陣靈訊洪流，我還沒察覺，卻發現自己已經告訴了他。

　　「喬恩，你知道嗎？你的車快壞了，」我告訴他，「還有，你和你女友馬上就要分手。但不要擔心，這兩起事件最後都會因禍得福。你接下來會有更好的車，也會遇到新女友，而且接下來的這一個就是你未來的老婆。」

　　喬恩盯著我，神情奇怪。

　　「妳是不是……？」接下來是一陣困惑的沉默。

　　「不要告訴別人，」我說道，「不過，你猜得沒錯。」

　　所幸喬恩一直為我保守秘密。而且，我吐露給他的靈訊，果然都實現了。他與當時的女友分手，但隨後認識了一個新對象，最後成婚。而且他的車子真的壞了，但後來開的是更高檔的車。我覺得靈界真的希望能給他一點提醒，所以

當這些貌似災禍之事出現的時候，他不需要喪志，他會知道
這只是某個更重大藍圖裡的一部分而已。

————

　　我的私人解析進行得很順利，但我心急，想要擴展自己
的作為，我好想竭盡所能幫助他人，我希望能夠讓他們知道
自己並不孤單。我也迫不及待想要幫助那些深陷悲痛的人，
希望能夠幫他們度過哀傷，讓他們感受到自己的摯愛在生活
中陪伴著他們。

　　我聽說過某個名叫「永續家庭基金會」（FFF, Forever
Family Foundation）的組織，

　　它的使命是「就算有家庭成員離開塵世，依然能夠建立
家庭的永續性」。他們強調科學立基，投注心力促進研究死
後世界。他們的所有成果都是非營利性質，而通過永續家庭
基金會認證資格的靈媒全都是義工。

　　此一機構是由鮑伯與芙蘭・金斯伯格所發想與創立。鮑
伯個性和善，語氣溫柔，有和藹雙眼與淘氣微笑。芙蘭則是
有驚人內蘊力的棕髮美女，她的直覺很強，偶爾會有靈界體
驗——比方說，她可能會看到某名男子在處理自己的座車，
她立刻就知道他得要修理什麼地方；還有一次，她告訴鮑伯
她會贏得一輛新車，兩天之後，在某場特百惠大會的現場，
她贏得了一輛綠色的福特平托。不過，她依然不是很相信那

種能力。

　　二○○二年九月的某個夜晚，芙蘭因為一場緊張惡夢驚醒，十分惶恐。她後來告訴鮑伯，她擔心那天會有惡事發生，她說道：「我們要小心為上。」

　　當晚，金斯伯格夫婦帶著長子瓊恩還有十五歲的美麗活潑幼女百莉，一起到長島的某間中餐館用餐。結束之後，芙蘭與鮑伯自己開車回家，而瓊恩與百莉則坐進瓊恩的馬自達米亞塔。芙蘭與鮑伯繞路去買牛奶，回程的時候目睹了一場車禍。

　　在某條狹窄的雙線彎道，一邊是水岸，另一側是草綠色山丘，某輛對向休旅車撞倒了那輛米亞塔，休旅車唯一受損的地方是車頭燈，但是米亞塔的副座位置卻全毀，百莉就坐在那裡。

　　瓊恩立刻被直升機送到東向數英里之外的醫院，鮑伯跟著過去。而百莉則被救護車急送漢廷頓醫院，芙蘭坐在警車裡、緊跟在救護車後頭，一路上救護人員對百莉做了好幾次的心肺復甦術。

　　待在醫院裡的芙蘭，處於驚恐狀態，她坐在等候室，而醫生們忙著為百莉急救。過了一會兒之後，她昏沉入睡，作了一個逼真的夢。在夢中，她看到自己坐在米亞塔的副座，對向的那輛休旅車逆向朝她直衝而來。她看到瓊恩猛力左扭方向盤、避免相撞，副座側面也完全暴露在前方。然後，她看到休旅車碰壓米亞塔，害它整個翻車。

　　夢中的衝擊力道把芙蘭給嚇醒了，她對老公大聲呼喊：「我知道出了什麼事！」

　　過沒多久之後，有名醫生出來找芙蘭。百莉的內臟損傷太過嚴重，他們已經無能為力。「車禍發生數小時之後，百莉死在醫院裡，」芙蘭說道，「那是我人生中最悲慘的一日。」

　　百莉的哥哥逃過死劫，但什麼都不記得了。不可思議的是，事發現場的警察並未懷疑另一名駕駛，直接放走了她，而此人從此消失無蹤。鮑伯與芙蘭完全不知道出了什麼事，芙蘭的夢是唯一的線索。

　　過了幾個禮拜之後，鮑伯詢問妻子：「妳怎麼知道車禍經過？」

　　「我也不懂，」芙蘭回他，「我就是知道。」

　　這個答案讓鮑伯勃然大怒。

　　「我猜，他一定是在想，如果有某種隱然之力會告訴我即將發生什麼事，那麼我為什麼不能在事發之前及時阻止？」芙蘭解釋，「他在生我的氣，他就是不明白，而這正是他面對悲傷的方法。」

　　過了幾個月之後，某家保險公司請了一位意外重建專家還原車禍現場。專家報告與芙蘭的解釋完全符合。但這反而引發了更多的問題，芙蘭當初是怎麼知道的？為什麼會作那樣的夢？到底是誰向她透露了一切？

　　「我們需要找出答案，」鮑伯說道，「我們覺得自己應

該要搞清楚某些正在發生的事。」

　　鮑伯與芙蘭心想，也許，在生命與夢境交會的那塊神秘空間，可以為他們這樣的傷心父母找到某些撫慰的方法。也許他們女兒的整起生死錄——美麗的百莉明明前一天還好好的，第二天就不見了，截至目前為止依然令人難以接受的單純故事——還有未完盡的部分。

　　所以他們開始閱讀通靈現象的書籍，也去找了一些靈媒。他們敞開心胸，接納看待萬物的全新方式，一切的探索都指向無法逃避的結論。「有一個我們看不見的世界，」鮑伯說道，「我們註定要與他們一起同心協力。」

　　鮑伯與芙蘭和蓋瑞・E・史瓦茲醫生共組團隊——他是擅長心理學、藥學、神經學、精神治療，以及外科手術的教授，也是亞利桑那大學意識與健康發展實驗室的主任——共同攜手創辦了「永續家庭基金會」。透過這個單位，他們就能夠幫助傷心的父母，努力連結他們與他們失去的摯愛，在此生與下個世界之間建立一座橋梁，而這也會是百莉的橋。

————

　　在二〇〇五年，我聯絡永續家庭基金會，表明自己是願意擔任義工提供服務的靈媒。他們告訴我，第一個要求是通過一場嚴格的資格測試。其中包括了一連串的快速解析，他們會根據準確度評分。

　　某個炎熱的八月天，我與其他四名靈媒，待在長島某間飯店的會議室。其中兩名靈媒似乎早就已經認識彼此，讓我覺得自己像是個第一天上學的小朋友。我從來沒有與任何靈媒為友，也沒有加入什麼靈媒團體，能夠讓我暢談自己天賦的對象，也僅限於極少數人而已。

　　我們被帶入某間大型舞會場地，這就是我們的測試區。某名中年男子被帶進來，坐在所有靈媒的面前。我們被要求靜默解析十五分鐘，然後在拍紙本寫下接收的靈訊。

　　我好緊張，我從來沒有被人要求在公眾場所進行解析，而且我的解析成果當然沒有被人打過分數。我全神貫注研究這名男子，寫下了所有顯靈訊息。

　　十五分鐘到了，有名永續家庭基金會的工作人員告訴我們，這名男子的名字叫湯姆，坐在我旁邊的女子好興奮，用手肘推了我一下。

　　「妳看！」她指著自己的拍紙本，她早已寫下了湯姆。

　　我露出客氣微笑，我只知道他的名字是T開頭而已。不過，與那名女子的短暫互動——我後來才知道這位靈媒名叫金姆‧羅素——卻讓我的心緒變得平穩。我覺得我們像是一起待在壕溝裡，甚至可以算是同伴吧，說也奇怪，這種特殊的同志情感讓人好自在。

　　接下來，我們移到了有五個分隔小間的區域，每一個都架有攝影機拍下結果，而每一站都有一位拿著夾板的問事者。他們不能與我們交談，他只能講出是或不是。解析一開

始，靈媒有十五分鐘可以解析問事者，之後再輪換到下一個
小間，為另一名問事者解析十五分鐘。這些問事者會為我們
的解析準確度評分。這一個階段的測試，做完五個站，得要
花七十五分鐘的時間。

　　我緊張兮兮坐在我的第一站，深呼吸。然後，我望著對
面的那名女子，也就是問事者。我在我們之間、彼此能量與
靈界互通的地帶泅泳，緊張感消失無蹤，我不再去想我是
誰，或是我在做什麼，我只是專心聆聽「靈界」的訊息，將
他們所說的話分享出來。

　　顯靈的是這名女子的父親，然後是她的姑姑，接下來是
外婆。他們讓我知道有關她家人的重要日期，還讓我看到家
人是怎麼過世的，以及她家現在進行整修工程的進度。靈界
吐露的靈訊源源不絕，我渾然無覺時間已經到了，現在要輪
到下一名問事者。

　　到了第三名問事者的時候，我覺得我已經對靈界完全開
敞。眼前的女子貌似四十多歲，她的兒子立刻顯靈，他把自
己的名字給了我，還說出他死於某場車禍。然後，他做了一
件怪事——讓我看到我女兒艾許莉的生日，五月十六日。

　　我詢問這名問事者：「妳的兒子是不是在五月十六日過
世？」

　　她臉色煞白，雙唇顫抖，眼眶盈滿淚水。

　　「對。」

　　她兒子開始在靈界開玩笑，講出許多家族趣事。那女子

邊哭邊笑，我也是，時間結束的時候，我對她依然依依不捨。

　　下一名問事者——三十出頭——也是兒子離世。他告訴我，他名叫麥可，死於癌症。他讓我看到某個時間軸的三年區間，也就表示他是在三年前過世。他開始講自己挑食的事，也讓他母親哈哈大笑，然後，他向母親道謝，感謝她在他在世時所展露的愛。

　　「那是他的必修課，」我開始解釋，「感受妳無條件的愛，所以他才會來世一遭，現在他的修課結束。他要告訴妳的是，他一直很有安全感，就連他過世的時候也一樣，他在那個當下，被妳的愛緊緊圍繞。」

　　我又解析了一個人，然後測驗到此結束——攝影機電源關閉，眾人放下夾板，我全身虛脫。我覺得自己的解析表現很好，我知道自己學到了新東西。那個透過艾許莉的生日、將自己死期告知我的男孩，讓我大感驚奇。也不知道是怎麼回事，他居然能夠利用我自身的參考架構傳遞靈訊。我這才發現靈界可以通達我生活的一切思緒、時時刻刻、私密的細節——然後他們可以運用這些資料表達靈訊，向自己的摯愛提出確證。

　　芙蘭告訴我們，永續家庭基金會在幾個禮拜之內就會通知我們結果。我們現在才知道待在我們面前的那些問事者都經過專業訓練——不會在解析過程當中吐露任何訊息，就算我們想要使出任何花招技巧進行欺瞞，也毫無用武之地。

　　我在會議室裡信步亂走,最後待在金姆‧羅素的身邊,她旁邊還有另一個靈媒,芭比‧艾里森,金姆與芭比早已是朋友。她們與我年紀相仿,漂亮聰明,而且十分謙虛,我好愛她們的能量。我們閒聊有關測試的事,也互相比對自己的紀錄,釋放緊張感。我們聊得很隨性,感覺就像是朋友之間的對話一樣。芭比問我:「妳的老師呢?」

　　「我的老師?」我回她,「我沒有老師。」

　　金姆與芭比狀甚驚訝,我這時才恍然大悟,原來沒有老師或導師算是很罕見。她們說出自己導師的事、還有如何導引她們進一步探索自身天賦。她們說起自己老師的時候,充滿了愛與崇敬,彷彿要是沒有這些人的指引,就無法成為現在的自己。

　　我們打算之後再聚,兩個禮拜之後,我們在我家住處附近的某間餐廳共進晚餐,立刻接續上次未完的話題。大家都說出初次發現自己與眾不同的過往。金姆說她想要閉眼入睡,但是卻接收到她不認識的人的畫面。「我九歲的時候,就在臥室裡看到了死人。」

　　芭比告訴我,她的外婆、媽媽,還有三個姊妹都有靈異體質。「我一直在解析眾人,」她說道,「大家開始叫我『無所不知』小姐,就連我家人也受不了。他們曾經告訴我,他們要把我留在家裡自己出門,因為我總是靠著自己的『先知能力』隨便亂爆雷。」

　　我與金姆、芭比的這頓晚餐很開心,心靈產生一種許久

不曾感受，甚至是從來沒有的輕盈感。我們激盪想法，比較技巧，甚至還為彼此進行解析。這就像是三個普通女孩在交換建議，只不過這些建議是來自於靈界。

這樣的連結對我們每個人來說意義重大，「進行這麼多的解析，很難保持自己的平衡，」芭比一度冒出這段話，「妳必須想辦法找出自己的平衡。與擁有相同能量的朋友在一起，就是我維持平衡的方法。」

我懂她的意思。我們都得面臨相同的恐懼與問題，我們都需要純粹做自己的安心之地。在那晚之前，我覺得自己像是孤軍奮戰，不過，現在我擁有了某種靈媒家人。我們大約每隔一個月會共進晚餐，聊天、大笑、體諒與支援。如今我有了姐妹團，擁有了安心之地。

———

資格測驗結束的幾個禮拜之後，我接到芙蘭・金斯伯格的電話。她向我解釋他們是怎麼評鑑我的測驗——他們找來的問事者會根據我的準確度評分。芙蘭說我的成績很高，換言之，我的通靈解析出奇準確。

「恭喜，」她說道，「妳現在已經得到了認證。」

我心跳飛快，眼前一片淚濕，我得到核可，以後能夠參加永續家庭基金會贊助的活動。我已經找到了提升自己能力到下一個階段所需的出口，感受到幫助悲傷人類的那股引

力，現在，我終於得到了有所作為的機會。得到永續家庭基金會的認證，是對我的一大肯定——但意義遠勝於此，這也是振奮人心的一刻，呼籲付諸行動的召喚，我現在是比自我更偉大的那個事物的其中一部分。

我成了光之團隊的一分子。

我有預感，我的靈媒生涯即將發生轉變。

| 17 | 天地之間的其他之事

艾許莉五歲的時候，蓋瑞特和我決定可以生另一個小孩了。

我們一直很想再生一個，但覺得多等一會兒比較好。我們兩人的生活很忙碌，經常處於混亂狀態，蓋瑞特剛念完法學院，接下來又在準備律師考試，而我是新手媽媽，也是菜鳥老師，還兼當靈媒。一切慢慢變得穩定，蓋瑞特通過了考試，而我也拿到了老師的終身教職。我們省吃儉用，終於在長島某個有綠蔭成列的幽靜街道買下三臥的獨棟平房。我告訴宇宙我準備好了，生娃娃的時刻已經到來。

不過，當我發現自己並沒有立刻懷孕的時候，我開始質疑宇宙，所以到底是不是現在呢？為了要釐清狀況，我帶著艾許莉一起去附近的藥房購買非處方箋的排卵檢測器。

我進入兩排擺滿驗孕試劑、排卵檢測器、各式各樣有關生寶寶產品的櫃架。我不知所措，開始覺得自己可能無法懷孕，頓時十分失落。我的眼淚差點要奪眶而出，只能盡量在艾許莉面前隱藏情緒，但內心其實已經崩潰。

就在那時候，艾許莉拉住我的襯衫。

「媽咪，」她說道，「妳知道『法索』正躺在妳腳邊撒嬌嗎？」

法索？

法索是我小時候家裡養的狗，她是美麗可愛的西高地白狽犬，我愛死她了。只要我需要的時候，法索一定會安慰我，給我愛，她的忠誠度真是不可思議。當我們要準備全家外出度假的時候，法索會在前一晚黏在我們某人的行李箱上方，所以我們就不會忘了帶她一起出去玩。我疼愛法索的程度就像是所有女孩珍惜她們的第一隻寵物一樣，而且我發誓我會把她留在心裡一輩子。不過，即便如此，我也不可能時時刻刻想到法索，畢竟她離世也將近二十年了。我確定我曾在艾許莉面前提過她，搞不好還看過照片，但是法索並沒有經常出現在我們的日常生活之中。

現在，我的五歲女兒告訴我，法索正在這間藥房的懷孕櫃架區、依偎在我的腳邊？

我立刻恍然大悟，沒錯，這是真的。

我早就懷疑艾許莉遺傳了我的某些天賦，所以她能夠看到法索，我一點也不驚訝。不過，當我需要愛的靈訊的時候，法索出現了，讓我感動莫名。在那一瞬間，我對於懷孕的疑慮與懼意全部消失，我有強烈的直覺，一切都會好好的。

一個月之後，我懷孕了。

————

　　再次懷孕，讓我充滿了歡喜與能量。九個月之後，一個漂亮的男娃娃誕生了，帶著一頭白金色的閃亮髮冠，降臨在這個世界，他整個人宛若在發光，我們為他取名海登。

　　我原本以為他出生之後的日子會變得忙碌耗力又辛苦，但也會幸福洋溢又燦爛，就像是艾許莉誕生之後一樣。不過，這一次卻截然不同。我並沒有歡欣雀躍，反而陷入憂鬱焦慮，被負面能量拖垮。這不是海登的錯，他明明是個可愛活潑的小寶寶，純粹是懷孕對我的內部線路造成干擾。我感到內心冒出了一陣陣的能量與情緒——儼然生活在一棟控溫器由熱轉冷又轉熱的房子裡。有時候，我就是覺得有烏雲罩頂。

　　這是產後憂鬱症嗎？我的症狀的確符合診斷的各項特徵——哀傷、焦慮、易怒、狂哭、睡眠中斷。不過，我還有另一個令我害怕的症狀：開始出現陰鬱念頭。

　　這倒不是我會做出什麼不好或傷害的事——老天知道我絕對不會，但問題在於我出現了這種念頭，而且無論我多麼努力、想出各種正念要阻絕這些負面思維，還是沒有辦法克服。陰鬱的想法就是停不下來，可怕，我不斷告訴自己，這不是我。我在光界工作，不是在黑暗之中，我連恐怖電影都不看！有種熟悉的感覺又開始大聲叫嚷：萬一我瘋了呢？

　　我必須面對事實，我一定是哪裡出了嚴重狀況，我的泰

半人生都是如此，一直在懷疑自己。我接納自己的特殊能力、在世間找到安身之所的一切進展，突然之間變得岌岌可危，這段時間真是痛苦難耐。

我決定尋求援助，預約了精神科醫生的門診。

————

當我走進馬克‧雷特曼醫生辦公室的時候，整個人焦躁難安。要是我講起靈界的事，會不會看起來就像個神經病？搞不好雷特曼醫生會覺得我不適合照顧自己的孩子？

他的態度立刻就讓我釋懷了。他的能量溫和又慈善，不過，我的心中依然有極度恐懼。

我開始把自己的那些恐怖想法告訴他，我全部傾吐而出，毫無保留。雷特曼醫生靜靜聆聽，完全沒有流露任何情緒或評價。等到我講完之後，他問了我一個簡單的問題。

「我知道妳有這些陰鬱的念頭，但妳覺得自己真的可能會付諸行動嗎？」

我毫不遲疑，「絕對不會，」我說道，「永遠不可能，我絕對不可能做出那樣的事。」

雷特曼醫生回我：「那就沒關係。」

我鬆了一口氣，但我覺得還得要把剩餘的部分告訴他。

「不只如此……」我把自己十一歲時知道外公即將過世的事告訴他，還有關於約翰的那個夢，以及我如何感受到大

家的能量、看到他們的靈光，我如何與死者對話以及他們的反應，還有，他們如何透過我將靈訊傳達給他們的摯愛。

雷特曼醫生沒有表露任何情緒，靜靜聆聽，我好害怕，不知道他會說出什麼答案。

「蘿拉，我問妳一個問題，」他語氣平靜，「當妳在做這些解析的時候，是否得到了準確的資訊？有沒有幫助到別人？」

「哦，有的，」我告訴他，「我得到了姓名、日期、各式各樣的確證細節，而且靈訊總是與療癒、愛息息相關。解析很美好，我自己在這些過程中獲益良多，我喜歡參與其中。」

雷特曼醫生微笑，凝望我的雙眼。

「我覺得妳並沒有瘋，」他說道，「妳不該把這些事情當成了什麼病症，應該要把它們視為妳需要探索的技巧，這個宇宙比我們想像的更加遼闊。」

在這短短的字句之中，這些神奇又療癒的字詞之中，我聽到了我熱愛的威廉・莎士比亞所發出的美妙回應，他曾經透過哈姆雷特講出這樣的話：「天地之間還有其他之事，赫瑞修，遠超過你的思維範疇。」

我覺得我自由了。更深沉的那種恐懼——我是瘋子，有幻想症——消失得無影無蹤，我覺得自己彷彿通過了某種心理測驗。

雷特曼醫生斷定我的症狀是產後憂鬱症。他想出一套治

療方案，一開始的時候先給我藥物，幫助我處理情緒不穩與陰鬱思緒。但問題是，我沒有辦法像絕大多數人一樣正常新陳代謝藥物，我對於任何藥物的耐受力都很低。就連一小錠的布洛芬都讓我覺得自己虛軟異常，但我們還是達成共識，先試試看再說。

過了幾個禮拜之後，我發現藥物沒有辦法改善我情緒不穩的問題，而且它也妨礙我的那些特殊能力。以往我在解析時經常得到的快速靈訊湧流已經沒了，現在最多只是穩定的小小涓滴。雷特曼醫生決定讓我嘗試某種名叫SAM-e的自然情緒穩定劑。

果然奏效，負面思緒全部煙消雲散，就像是被太陽蒸融無蹤的濃霧一樣。靈界的自然靈訊湧流又回來了。其實，還變得更強烈，宛若艾許莉剛出生的時候一樣。

我靠著SAM-e又撐了幾個月，終於找回了完整的平衡感。不過，雷特曼醫生對我的天賦坦然接受，這一點與產後憂鬱症的治療同等重要。在他的精神科醫師訓練過程中，從來沒有碰觸到超自然領域，但我運氣很好，他對於精神科教科書裡找不到的事物能夠抱持開放心胸。

在接下來的那幾個月之中，我又去看了雷特曼醫生好幾次，和他一起討論我的那些特殊能力，讓我覺得自在又安心，而且，我們越談越深入，也慢慢消解了我的孤單與猶疑感。

　　我是不是純粹運氣好？找到了一個擁有這種好奇心、不帶任何價值判斷的精神科醫生？我不覺得這是運氣，靈界似乎總是會把特殊之人放在我的人生道路之中──那些註定會幫助我領悟、珍視我能力的那些人，而雷特曼醫生正是其中之一。

| 18 | 　警帽

　　既然我的能量與能力重新找回了平衡，我也準備好再次
展開解析。就在差不多那個時候，永續家庭基金會的芙蘭‧
金斯伯格打電話找我，邀我參加某項名為「當你的子女說話
時如何聆聽」的特殊活動。有十組慟失子女的父母會在現
場，還有一名靈媒：就是我。

　　我猛力吞了一下口水，告訴芙蘭，我會過去。

　　這次活動的時間安排在八月的最後一個禮拜。在它即將
到來的前幾個禮拜，我發覺自己越來越焦慮，那就像是體內
嗡鳴聲越來越吵鬧，最後已經到了幾乎無法忍受的地步。我
花了許多時間與靈界對話，請求他們能夠待在那裡，為了這
些傷痛的親人、給予我靈訊。這種活動與我先前的經驗完全
不同，我得要走入一個什麼都沒有的空間，只有我自己內心
的螢幕。沒有備案，萬一靈界不肯在我面前顯靈，也沒有其
他的靈媒可以幫忙收拾殘局。

　　在活動前的那一個禮拜，我與小孩黏在一起，享受最後
的夏日時光。當時十六個月大的海登，加上七歲的艾許莉，

總是讓我忙得團團轉，讓我不再掛心那件事。不過，等到活動當天到來的時候，我卻出現從所未有的緊張感。那股嗡鳴已經變得狂躁，我嘗試要吃點東西，但卻幾乎是食不下嚥，最後連晚餐都沒吃。

蓋瑞特當時是某間大型零售企業的法務，要等到六點半之後才能回家。我母親先來幫我顧小孩，等我先生返家。我親過小孩，謝謝母親。進入自己的本田Pilot座車。我在車裡打電話給蓋瑞特，他又再次為我打氣，一定會成功的。我們結束通話，我專注吐納，吸氣，呼氣，找到妳自己的中心，連結自我的性靈。

然後，到了傑洛可高速公路的時候，小孩子全都出現了。

我駛離高速公路，急忙開進史泰博購物中心的停車場。從我的包包裡拿出隨身筆記本，盡可能抄下這些孩子們所說的話。雖然事實擺在眼前，我還是不敢相信，我以前從來沒有接收過這種狂炸猛轟的靈界訊息。

過了幾分鐘之後，我又回到了傑洛可高速公路，拚命趕往漢廷頓的希爾頓飯店。我及時趕到會場，這些父母們早已坐定在會議室內，然後卻出奇安靜，宛若沒有空氣，我可以感受到四周的沉重氣息。

「這位是蘿拉・琳恩・傑克遜，」鮑伯・金斯伯格對這些父母們說道，「她是『永續家庭基金會』認證的靈媒，今晚來此幫助我們學習如何與我們的孩子對話。」

　　鮑伯與芙蘭退出場外，盡量給予這些父母隱私空間。等到他們離開之後，每一個人的注意力又回到我身上。我身為老師，當然早就習慣大家盯著我看、等我說話，但這次截然不同，這股沉默令人痛苦，我必須要做些什麼——得開口說話，但不知道該說什麼才好。

　　然後，我恍然大悟，只需要讓這些孩子自己開口就是了。就在那一瞬間，我感覺他們全湧了進來。

　　「各位的孩子都在現場，」我脫口而出，「他們有些事想要讓你們知道。」

　　在我根本沒注意的狀況下，我已經進入了比我頭部稍高一點的地帶——肉身之外的區域，成為了性靈的自我，在那裡，我再也不是我所知道的那個「我」，可以釋放所有俗世的憂愁。我感受到喀啦一聲，某道大門開了。

　　當光點照在我內心螢幕的時候，小孩們都出現了，顯靈的訊息清楚又強烈，而且氣氛歡欣。這些充滿美麗能量的可愛小孩，全部都圍繞在我身邊。

　　「各位的小孩都出現了，就在你們的身旁，」我告訴這些父母，「他們有一個希望各位能夠聽見的共同訊息，『請不要擔心我們，我們很好，沒有任何問題。放下你們的恐懼與焦慮，所以我們可以趁這次機會團聚，我們有好多事想要讓你們知道。』」

　　我發覺這些話立刻化解了室內的緊繃感，沉重感頓時消融了一大半。我明白這些孩子為什麼要在活動開始之前先進

入我的車內，他們知道他們的爸媽一定會充滿防衛心，他們知道他們的爸媽已經在自己周邊築起高牆，阻卻痛苦悲傷與憤怒。這些小孩知道那樣的牆會害他們的爸媽聽不見他們的話。所以他們來找我，齊聲發出共同的靈訊，要讓所有的父母們都能夠明白：放下高牆與防衛心，我們才能夠顯靈。不要害怕困惑或抗拒，拜託一定要知道我們和你們在一起，就在你們的身邊，就是此時此刻。

這些小孩，生氣活潑又盈滿亮光，正邀請我們進入他們的快樂能量之中盡情泅泳。我只感受到純粹的愛，沒有害怕、痛苦、罪惡感——只有愛。這就像是你在機場等候自己的摯愛，突然之間，那個人就在轉角出現，你看到對方朝你走來，這根本是全世界最美妙的感覺。我在那間會議室的當下感受就是如此，被愛重重包圍。

這一次，出乎我意料之外，小孩都耐心排隊，一個接著一個，而不是像剛才在車內一樣朝我蜂擁而來。次序不是由我安排，而是他們自己。我感受到有個小孩顯靈，還有一股強烈的拉力——我將它稱之為能量套索，靈界引導我肉身的感覺——把我帶向會議桌遠端的某對夫婦。男方很壓抑，臉龐不願顯露任何情感，他的妻子坐在他旁邊，靠得很近，但並沒有任何觸碰，她已經在流淚。

顯靈的孩子是個青少女。她對我的顯像只是個小孩，這是為了要讓我知道她父母在她過世時的那股特殊傷痛。她讓我看到字母J，但也讓我看到一個縮語，似乎在告訴我大家

平常都叫她小名。

「你們的孩子顯靈了，」我向她的父母開口，「你們的女兒。她給我看到一個J開頭的名字，潔西卡或珍妮佛吧，但是你們叫她別的名字。」

她的父母緩緩點頭。她名叫潔西卡，而他們習慣喊她潔西。

然後，潔西讓我看到她出了什麼事。

我說：「一開始是胸痛。」

————

後來，我才從她父母口中得知來龍去脈。在二〇〇七年耶穌受難日的那個早晨，潔西，某名高二學生，從康乃狄克州瀑布河區的自宅樓梯下來，她告訴她爸媽：「我生病了。」

「潔西，今天不用上課，」她父親喬說道，「妳不需要裝病。」

「沒有，是真的，」她說道，「我真的不舒服。」

就在前一天，潔西才參加了一場長曲棍球比賽，還有州警探索者俱樂部為青少年辦的訓練會，這是她諸多愛好之中的其中兩項。她聰明漂亮，一頭紅髮加滿臉雀斑，臉上總是掛著令人暖心的害羞微笑。潔西從來不會放慢腳步——才十五歲，已經是優等生、黑帶二段，也取得了深潛證書。她深愛自己的朋友家人，還有她的黃金獵犬，帕拉丁（簡稱小

帕），而且她對於人生充滿了好奇。

　　再過兩個禮拜，她就要十六歲了，而她正展開她的初戀。

　　「不是什麼認真的戀情。」她母親瑪麗安說道，「她就只是告訴我這麼一句話：『媽，我愛上某人了。』就像是大多數青少年的初戀一樣。」

　　喬與瑪麗安開車載潔西去看她的小兒科醫生，他說她得了感冒。那天晚上，潔西開始咳血，她父母立刻把她載往醫院，而第二天，救護車又急忙把她送往另一家醫學中心，之後，潔西又被直升機送往波士頓的兒童醫院。她罹患的不是感冒，而是某種罕見的有毒菌株。

　　過沒多久之後，感冒成了肺炎，接下來是敗血症。潔西的生命徵候越來越虛弱，後來因為肺部嚴重受損而必須戴上呼吸器。親友開車到波士頓陪伴喬與瑪麗安，而其他人則留在家鄉，在潔西家的後院點燭守夜祈禱。

　　接下來，就在她於耶穌受難日之後的五天，電腦斷層顯示她顱內出血，

　　醫生們說他們無能為力。

　　喬，在汽車修理廠工作的壯漢，還有瑪麗安，堅強的天主教教徒，全都呆住了。

　　他們根本沒時間會想到的結局就這麼突如其來、出其不意到來，他們馬上就要失去自己的美麗女兒。

　　喬與瑪麗安一起進入潔西的病房訣別。

「我愛妳，」她撫摸女兒的紅色長髮，「妳是我們在這個世界上最好的朋友。」

喬緊緊抓住潔西的手，抹去自己的淚水，以免滴落在女兒身上。「我愛妳，潔西，」她說道，「好愛好愛妳。」

復活節過後沒幾天，潔西過世了。

喬與瑪麗安讓潔西的房間保持原狀，彷彿在隨時等待她蹦蹦跳跳回來一樣。他們讓自己保持忙碌，專心籌辦追思會與喪禮，這次他們沒有挑選生日禮物，而是墓碑。

「不合理，」喬說道，「完全不合理，潔西本來還在這，轉眼就不見了，怎麼會這樣？為什麼是潔西？如果本來就會發生這種事，那為什麼我們還會在這裡？我們兩個都還在？」

「我們開始質疑平常的信仰，」瑪麗安說道，「我們拚命找尋，想要揪出答案，但就是沒有。潔西走了，生命再也沒有任何意義。為什麼要留下我們？而不是讓她活下來。」

當我待在會議室裡面、站在他們面前的時候，不知道他們絕望到這種程度。但我知道潔西沒有消失，她就在那裡陪伴我們，盈滿了愛與活力，而且她有無盡的話語想要傾訴。

我告訴喬與瑪麗安：「因為蝴蝶的事，她想要謝謝你們。」

他們互看彼此，瑪麗安拿出了面紙。我不知道蝴蝶代表了什麼意義，但我不需要知道，顯然她的父母已經了然於心。我後來才知道，喬與瑪麗安最近剛為女兒挑好了墓碑，

而他們選的是一塊刻有成群蝴蝶在潔西名字上方飛舞的墓石，潔西以前好愛蝴蝶。

不過，這才是開端而已。

「她讓我看到了某個動物，」我繼續說道，「一隻貓，待在樹上的貓，被卡在枝頭的貓咪？」我望著喬與瑪麗安，尋求確認，但他們沒有任何反應。沒關係——我知道有時候靈界訊息一直要等到之後才解釋得通。我請他們要記住她的靈訊，可能要過一陣子之後才會獲得確證。

（解析結束的幾個禮拜之後，喬在自家後院耙掃落葉，看到潔西最愛的絨毛貓咪卡在某根樹枝上頭。他立刻想起來為什麼會出現在那裡。某一天，她把它留在院子裡，忘了拿走，所以他撿起來，隨手塞在樹上，以免被家裡的黃金獵犬啃咬。在會議室的時候，他並沒有想起這段細節，但潔西卻把它分享出來，所以喬可以記住，當他亟欲感受女兒存在的時候，就會憶起這件往事。）

潔西繼續下去。

「我看到了帽子，有點像是警帽，」我說道，「潔西對我現示一頂藍色警帽。我應該要與你討論警帽的事。你是警察嗎？」

喬伊神色震驚。其實不止於此——他嚇得目瞪口呆。之後，他向我解釋那頂警帽的重要性。

在潔西過世之前，曾經參加過州警部主辦的一場青少年營隊，對於潔西那種熱愛冒險的人來說，當然是熱愛不已的

活動。喬伊給了她五十美金，請她幫忙買警帽。但潔西把那筆錢拿去買別的東西，根本忘了買警帽，大家都沒放在心上。

然後，在潔西喪禮的時候，出現了離奇的事。有名警官來找喬，這兩個人從來沒有見過面，而警官的手裡拿了一頂警帽。

「我要送你這頂警帽……」當他對喬說出這句話的時候，喬的眼眶已經盈滿淚水。

「我不懂為什麼，真的不懂。我只知道我應該要把它交給你。」

喬接下警帽，在手中不斷把玩，仔細凝視。然後，他擁抱那位警察。

靈界似乎可以讓每個人都充當信使，前提是，這位被挑中的人願意對靈界敞開心胸。這名警察對於自己要送警帽給喬的詭異衝動，大可以置之不理，幸好，他並沒有這麼做。

潔西之所以讓我看到警帽，純粹就是因為這是喬與瑪麗安才會知道的事。就連那名警官也不知道警帽的意義非比尋常。不過，潔西盼望我分享的目的，其實是能夠讓她父母知道她也在會議室裡陪伴他們。

接下來，她現示的是她罹患的病。她讓我看到她的全身，我明瞭她的意思，這表示她得了一種會影響全身的疾病。然後，她讓我往上看，盯著她的頭部，她所現示的是她的疾病已經擴散，而且影響到她的腦部，她也給我看到某個

三天的時間軸——那是一種病程非常快速的疾病。

「它毒害她的身體系統，」我告訴她的父母，「透過血液，進入她的腦中，就是在這個時候，你們決定放手。」

喬與瑪麗安從來沒有告訴過別人——任何一個人——有關潔西顱內出血的事，他們也不曾讓任何人知道，其實，這就是他們決定要拿掉她維生系統的原因。

不過，潔西卻現示給我看，進一步證明她也在此。也許她知道她需要奮力說服她的父母，也許她知道要講出這所有的細節、才能真正說服他們，她真的在這裡，而且真的成功了。

「這就是潔西想要告訴你們的事，」我說道，「她希望你們明瞭她沒有離開你們，她永遠不會離開，她自始至終都是你們的女兒，而且永遠愛你們。你們之前並沒有失去她，永遠不會，請務必明白這一點，你們永遠不會失去她。」

在潔西過世的那一天，瑪麗安在醫院裡握著她的手，撫摸她的髮絲，對她說道：「妳是我們在這個世界上最好的朋友。」現在，三個月之後，在長島的某間會議室，潔西拾起這美麗的話語，回送給她的父母。

「潔西沒有離開，」我說道，「潔西永遠不會離去，她一直和你們在一起，而且永遠是你們最好的朋友。」

| 19 |　最後的小孩

　　一直有小孩陸續進來：男生女生都有，有的才不過五歲，還有的十多歲，有的甚至年紀還更大一點。他們給了我清楚的身分辨識細節，向他們的父母證明他們的確在那裡，然後，他們開始對我頻頻施壓，迫不及待想要讓他們的父母知道，其實他們並沒有真的離開。

　　我被牽引到某對夫婦的前面，他們的女兒在騎腳踏車的時候身亡。她想要告訴他們，不要再心懷歉疚了──無論當初他們做什麼，都無法避免憾事發生。

　　「還有，她想要謝謝你們，把她的畫作依然放在客廳裡，」她說道，「所以她覺得自己依然和你們在一起。」

　　有個年輕人顯靈，現示自己是與他的兩個朋友一起溺死。「他想要讓你們知道，他與朋友一起離世，所以他從來不覺得孤單，」我告訴他的父母，「而且，當他到達靈界的時候，他的祖父和你們家養的狗早已等在那裡，熱烈歡迎他的到來。」

　　所有顯靈的小孩都想要做同樣一件事──找出方法撫平

他們親愛爸媽的痛苦煎熬，他們靠著這樣的方法，讓他們的父母能夠看到靈界的一抹微光。

解析接二連三而來，我完全沒有發現，從一開始到現在已經歷經了三個多小時。在這三小時當中，發生了好多事，原本死氣沉沉的房間，已經盈滿了強烈的舒緩感以及希望。在那一個夜晚，返家的那些人已經再也不是當初進來飯店的那些人了。他們的痛苦已經得到緩解——沒有結束，但已經舒緩多了。他們的孩子給了他們最美好、最神奇、最有力的禮物——讓這些父母領悟到其實他們並沒有離去。

那天晚上，愛來回傳遞的過程讓我精疲力竭，歡欣鼓舞，而且激動難平。不過，還是怪怪的，我覺得有哪裡不對勁。

所有的孩子都顯靈了——只有一個除外。

我環視整間會議室，看到還有一個我沒講到話的人——年紀大約是四十出頭、一頭黑髮的女子。我後來才知道，她是單親媽媽，而且她是當天現場唯一沒有伴侶的父母。她耐心坐在會議桌的最前方，但是並沒有人為她顯靈。到底是怎麼了？當大部分的父母都已經離開房間的時候，這名黑髮女子也緩緩站起來，轉身，拖著腳步前往出口。我可以感受到她蹣跚而行的失望之情。但我該怎麼辦？

然後，我突然想到了：她的小孩想要當最後一個。

我趕緊衝向那女子，把手放在她的肩頭。

「等等，」我說道，「請留步，我會和妳一起待到最

後。」

我們一起坐在會議桌前面，就只有我們兩個人而已。我們才剛坐定，就有人顯靈了。

這個光點並沒有出現在我螢幕的右上方，也就是強烈清晰的區塊——反而落在比較下面的位置。我覺得自己似乎在聆聽某種非常低沉的振動，必須要全神貫注才能明白的資訊。而且，此人的光強度遠比其他人貧弱，我必須將我所有的能量導引向低處——一整晚的超級低層區——才能夠把她拉出來。我這才領悟到為什麼得要等到會議室淨空，這個解析很不一樣。

終於，我看清楚了，是個女孩——青春女子，二十歲。靈訊微弱，但我聽得清楚。

「妳是心理醫生，」我開口對她母親說道，而那女子的臉色立刻僵住，然後，我看到了一棟大學建物，還有字母——三個字母。「妳女兒告訴我，她念的是紐約市立大學（NYU）。」接下來，女兒又向我現示她母親的住所，以及許多其他細節，然後，她又讓我看見了動物，小動物——貓咪。

「妳女兒想要謝謝妳照顧她的那些貓咪，」我說道，「她非常感謝妳這麼疼愛牠們。」

貓咪是觸動她母親的關鍵細節，我可以感覺到她母親的能量變得更加開放，終於願意接受解析與女兒的靈訊。

然後，這位年輕女子向我現示她是怎麼死去，但我早已

知道了答案，她是自殺。

　　自殺者顯靈的時候，光度比較黯淡。而這位媽媽的女兒等待許久才現身，是因為她不希望讓在場的其他父母知道她自殺的事，她想要等下去，讓母親能夠保有更多的隱私。

　　她還向我現示她曾經自殺未遂的過程，當時她十六歲，她母親費盡心血想要救她，然後，她讓我看到她終於完成所願——吞下過多藥物——接下來，她又對我現示無論她母親或其他人再怎麼努力，也不會改變她的求死念頭。這是她的選擇，她的出口，她終止了自己在人世的靈魂之旅。不過，等到她離世之後，她才領悟到生命是多麼美好的恩賜。

　　我把這一切告訴了她淚流不止的母親。雖然連結一開始的時候很虛弱，但之後就變得強烈深刻，我可以感受到這對母女不可思議的愛在來回流動。

　　我當晚第一次淚流滿面，這也是我體驗過最震撼人心的時刻之一。

　　「妳女兒希望讓妳知道，要是她知道她自殺會害妳受傷這麼深，這麼痛苦，她絕對不會做出這種事，」我繼續說道，「她真的很抱歉，做出了這種事。」

　　現在，我們進入了核心，這是她母親最渴望聽到的話語。

　　「妳女兒想要向妳道謝，」我說道，「她要感謝妳的努力與諒解。但最重要的是，她想要謝謝妳在她過世之後所為她做的一切。」

在這間空蕩蕩的會議室裡面，我傳達了靈訊：「妳的女兒要謝謝妳願意原諒她。」

我與這女孩的母親相處了四十分鐘之久，等到我們結束之後，鮑伯與芙蘭擁抱我，向我道謝。他們對於當晚的結局非常欣慰。對我來說，在最後一次解析之後，原本感受到的疲累不但全數消失無蹤，而且我反倒覺得元氣飽滿。我能夠幫助這些父母連結到自己的孩子，將愛的靈訊傳達出去，我發現自己辦得到——在這種神奇的療癒過程當中、能夠扮演其中一個角色——對我來說意義非比尋常。在那一瞬間，我知道這些曾讓我擔心是詛咒的能力，其實是一種祝福。

我坐上自己的車，趕緊衝回家。我情緒好亢奮，腦袋依然暈陶陶。我知道這種說法可能聽起來很奇怪，因為我剛才花了好幾個小時的時間、與那些傷悲的父母討論難以想像的悲慘事件。不過，其實我們共享了某種神奇時刻。小孩都在那裡，陪伴他們的父母，就在那間會議室！愛永無止境！

當天晚上的主題與死亡、陰鬱完全沒有關係，反而充滿了光亮、生氣，以及愛。

到了晚上十一點，我打電話給蓋瑞特，告訴他今晚十分順利，他回我：「我早就告訴過妳了。」

「我馬上就回家。」

話才剛說出口，我就發現車裡不是只有我一個人而已，小孩子們依然圍在我身邊。

並不是因為他們還有其他靈訊需要分享，純粹就是他們

也依然陶醉其中。我的所有解析都產生了三角效應，三種能量在互動——我自己、問事者，還有靈界那些對象的能量。我們大家在那一晚都有相同感受，而那些小孩就和我一樣暈陶陶。最後，他們離開了，但我依然感受到還有個小孩在這裡，但並不是今晚進入會議室的那些小孩，這孩子也有靈訊要分享。

　　我把車駛入自家車道，悄悄進入屋內。我對蓋瑞特熱情擁抱親吻，然後又躡手躡腳去查看熟睡的寶貝孩子。我打開艾許莉的房門，站到她面前。她是我的天使，我的寶貝天使，我彎腰，親了她的臉頰，為她把毯子披到肩膀。然後，我又悄悄進入海登的房間，吻他，把他抱入我的懷中。我的手指溫柔梳理他的柔軟髮絲，與小孩共處的每一刻，絕對不能視為理所當然，這一點我很清楚，我知道自己有多麼幸運。

　　我進入廚房，拿了一些洋芋片與沾醬，狂吃的姿態宛若已有一個禮拜沒吃東西一樣。然後，我告訴蓋瑞特，我還得處理一點小事，我回到我們的臥室，關上了門。

————

　　在永續家庭基金會主辦的那晚團體解析之中，我知道鮑伯與芙蘭有個女兒過世了，但我對她一無所知，也不知道她是怎麼走的。

不過，當我開車從漢廷頓希爾頓離開準備返家的時候，我知道待在我車內的小孩，是他們的女兒，百莉。

我應該要打電話給鮑伯與芙蘭，但我擔心現在打電話已經太晚了，所以我改寫電郵。

鮑伯與芙蘭一整晚都待在幕後，他們坐在旁邊，默默當這些傷心欲絕父母的啦啦隊，引領他們的孩子顯靈。他們已經放下了自己的傷痛與失落，專心幫助其他的父母。

不過，現在卻有一個要給他們的靈訊。

「所有顯靈的孩子都想要向你們道謝，能夠安排這一場活動，」我寫道，「靈界告訴我，你們所療癒的人數超過了你們的想像。」

「百莉深深以你們為傲，」我繼續寫道，「我看到她出現在我的螢幕，站在其他孩子的後方，驕傲與喜悅讓她全身散發燦光，她好美。」

百莉也想要向我現示某個重要日期，「你們家裡是不是有誰的生日或是紀念日快到了？」我寫下疑問，「百莉告知我某個重要日期，她想要讓你們知道，她一直陪伴你們一起過生活。」

第二天，芙蘭回信給我，向我熱誠道謝，還告訴我百莉的逝世紀念日就是在三天之前。

芙蘭寫道：「昨晚百莉真的在妳身邊。」

某些小孩在世的時間註定短暫。但是在那段時間當中，他們學到了深刻的愛，也把這樣的概念教導給別人。而且，

他們對於這個世界的影響力，並不會因為離世而結束。他們總是在我們身邊、教導我們有關於愛的事。百莉在世不過短短十五年，但是她卻不斷改善我們的世界。由於鮑伯與芙蘭對她的超然之愛，所以他們創辦了永續家庭基金會。現在，他們三人——鮑伯、芙蘭，以及百莉——化為一組光與療癒的團隊，同心努力。

| 20 | 落難的蜜蜂

大約在那場永續家庭基金會的活動結束一年之後，我為來自紐約市的一對夫妻進行解析，查理與羅絲安。我發現他們結婚多年，膝下無子。不過，當我進一步推開靈界大門的時候，我的螢幕出現了一個光點，我看得出來那個光點根本不是人，而是隻狗。

「我看到一條黑色大狗，名字有S……」查理與羅絲安告訴我，他們一起養的第一隻狗是隻可愛的杜賓／拉布拉多混血犬，名叫「黑影」（Shadow）。

越來越多的光點顯靈，讓我驚嘆不已：這對我來說是一場全新的體驗。顯靈的不只是狗狗「黑影」，還有各式各樣的動物。這些光點逐一排隊，不斷湧入，根本就是個大動物園，而牠們的訊息都一樣，某種盈滿感謝、讚美，以及愛的靈訊。

我感受到一股純粹的愛在問事者與靈界之間來回激盪。它實在太強烈了，我沒辦法看清楚全部的動物，我只知道為數眾多。我很好奇查理與羅絲安到底是做了什麼？能夠創造

出這麼強烈的愛與感激的交流。

————

　　查理自小在布朗克斯長大，而羅絲安出身於布魯克林。兩個人的原生家庭都很愛動物——而且經常出手拯救牠們。「我有援救長尾鸚鵡的技巧，」查理告訴我，「牠們從某戶公寓的籠子裡逃出來，最後落入我們的逃生梯。我會拿毛巾朝牠們拋過去、蓋住牠們，然後把牠們帶入屋內。這一招不容易，但我總共救了五隻長尾鸚鵡。」

　　而羅絲安的強項則是野貓與流浪狗，「我們家這棟建物的儲藏空間住了一家子的貓，我媽媽和我把牠們帶回家，」她說道，「一隻母貓和兩隻小貓，『小黑』與『灰灰』。我們餵食、疼愛、照顧牠們，而我們家的狗兒們對於旁邊有貓早就泰然自若。」

　　查理與羅絲安二十多歲的時候開始交往，兩人因為對動物的愛而緊密相繫。等到他們正式在一起之後，他們的人生之路冒出了更多的流浪動物。他們不需要四處尋找需要拯救的動物，有需求的動物似乎總是會主動找上他們。

　　所以他們有「斑斑」，這隻貓軟癱在他們家的台階上（她被車撞，屁股骨折）。還有「星星」、「突牙」、「媽咪」、「海蒂」、「寶貝」，以及「白雪」，全都是他們在小巷或是街道發現的野貓。還有一隻名叫「雷吉·凡·貓」的巨

大虎斑、「麵粒」的小笨貓。「我們在布魯克林走過某個街角，就看到兩隻狗兒被拴在柵欄，」羅絲安說道，「我們能怎麼辦？一走了之嗎？」

但不只是貓狗而已。某天他們在購物中心逛街，發現某輛購物車裡的鳥巢殘屑裡有兩隻幼小的麻雀依偎在一起。牠們才剛孵化沒多久，雙眼緊閉，但一摸鳥身卻是冷的。查理與羅絲安把牠們帶回家，幫牠們取暖，這兩隻小麻雀克服萬難──他們取名為「哈克」與「傑克」──終於活下來了，查理與羅絲安為牠們在某座野鳥庇護中心找到了家。

還有一次，他們待在自家公寓的車庫裡，聽到了微弱的啁啾聲響。他們找了一小時，終於發現某個雪胎後面躲了一隻剛出生的小麻雀。牠沒辦法飛，所以他們把牠帶到外頭、放在某處灌木叢下方、讓小鳥的爸媽可以發現寶寶的蹤影。一個小時之後，查理與羅絲安回頭去查看，發現她還在原處，所以他們把她帶回屋內，讓她恢復健康，最後放她自由。

然後，還有陷在紐澤西高速公路時速一百一十公里以上車陣裡的成鴨與小鴨子。

「我看見牠們搖搖晃晃進入外車道，」羅絲安憶道，「其中一個駕駛猛踩煞車，然後鴨群又繼續進入中線，又一個駕駛踩煞車，接下來，牠們走到了我前面，我也踩煞車，牠們繼續在高速公路上散步，進入了路肩。我盯著後照鏡，看到一輛巨大的貨櫃車全速朝我衝來。」

　　羅絲安立刻禱告，那輛貨櫃車完全沒有減速，在最後一秒開進路肩，避開了羅絲安的車，差點撞到了她與鴨群。它又迅速切回高速公路車道，繼續前進，而鴨子們也繼續走路。「感覺大家都具有這種集體意識，我們都能夠避開這群鴨子，」羅絲安說道，「我們繼續留守，確定牠們平安離開高速公路之後才閃人。」

　　還有，墨西哥柯蘇梅爾島的受傷流浪狗（他們說服當地醫生用人類的藥治療那隻狗），從四點五公尺高的天橋鳥窩滾下來的幼鴿（他們說服當地的消防員利用梯子把牠送回去），以及在攻陷停車場的暴風雨洪流之中載浮載沉的小蟾蜍（查理大膽涉水，撈起蟾蜍，為牠在木板路的另一頭找到了某個安全樓所）。

　　在四月的某個下午，查理與羅絲安沿著曼哈頓市中心的水岸散步。他們注意到一群人圍在欄杆邊，指著水中的某個東西。某條約九公尺長的座頭鯨在維拉札諾海峽大橋下的水域，正打算朝遼闊的洋面而去。這對鯨魚來說並非好事，牠很可能會被船隻撞傷，或是被漁網攔住，除非能夠順利游向大海，不然鐵定活不下來。

　　查理與羅絲安加入人群，看著海岸巡防隊為這隻鯨魚圍出安全區域，他們希望能夠以船隻保護牠，但完全沒有辦法導引牠離開——這完全得靠鯨魚自己做決定。圍觀的人決定要集氣促使鯨魚回到大海。大家都全神貫注，將靈訊傳給鯨魚。

鯨魚好久都沒動靜。突然之間，牠開始朝正確方向移動，離開了巡防隊圍起的安全區，朝向康尼島南方的寬闊水域。靠著強猛的最後一躍，鯨魚離開了港區，消失在水面之下，朝安全地帶前進。

而那些在岸上的人呢？

他們沒有歡呼，大家都好安靜，大家都感受到自己共同參與了某一奇蹟。「我們靜靜站在水岸邊，」查理說道，「想像那條鯨魚游回家的畫面。」

然後，是那隻小蜜蜂。

查理與羅絲安在瓊斯海灘的木板路散步，發現了地上有隻蜜蜂，牠的其中一隻小腳被卡在兩塊木板之間的隙縫裡。「你可以看得出來，那隻蜜蜂拚命想要抽腿解脫，」羅絲安說道，「我不知道為什麼人來人往，居然沒有人踩到牠。」

羅絲安四肢跪地，輕柔拉動其中一塊木板，蜜蜂終於重獲自由。「但是牠並沒有飛走，因為牠累壞了，」她回憶過往，「我把牠推到面紙上面，然後我們把牠送入花園、把牠放在花叢附近。過沒多久之後，牠開始在花叢裡嗡嗡繞飛。」

在我為查理與羅絲安解析的過程中，我看到了遊輪與鴿子。我不知道那是什麼意思，但我還是在我們解析時提到了這件事，後來，我才知道遊輪鴿子的故事。

這對夫婦某次搭乘歐洲遊輪，在甲板上散步時發現了某隻鴿子。他們很好奇牠在北海中央做什麼？直到牠飛走之後

才離開。兩個小時之後,他們離開甲板,回到自己的艙房,一打開房門,卻發現那隻鴿子坐在他們的床上!

他們的房間有個小陽台,想必是剛才出去前忘了關上。遊輪裡有上千個艙房,但也不知道怎麼回事,鴿子居然找到了他們的住所。

他們拿了一點餐包,刮下種子,為鴿子在陽台上準備了一點食物。鴿子吃了種子,還找到一個舒服的地方歇息。牠就一直住在他們的陽台,直到遊輪停靠到下一個港口阿姆斯特丹的時候才飛走。

在鴿子飛走之前,查理發現牠的某隻腳上面有一小塊牌子,上面有一組數字,他們認出了是電話號碼,屬於荷蘭的電話。等到他們一抵達阿姆斯特丹,查理立刻撥打過去。「我們聯絡了某人,幫我們找到了鴿子的主人,」查理告訴我,「那是隻賽鴿,應該要飛越北海,目的地是法國。我猜鴿子需要喘息一下,所以就落腳在我們的遊輪。主人聽到我們所說的事,知道鴿子平安無恙,十分開心。」

————

這次面對查理與蘿絲安,是我有史以來最緊湊的解析過程之一。如此豐盈的愛與靈訊,不斷傾注在開敞的通道之中,讓我幾乎跟不上腳步。好幾隻動物顯靈的訊號特別清

晰。他們一起養的第一隻狗,「黑影」,就是其中之一。不過,我也收到了某個特殊的靈訊,來自還沒有過世的某隻動物:他們的某隻愛貓。

「你們現在有隻行走困難的貓咪,」我說道,「他得了中風,而且病得很嚴重。不過,他還沒有準備好離開你們,他想要留下來。所以你們需要等待,因為再過兩個禮拜之後,他就能走路了。而且我看到一個綿延七個月的時間軸,也就是說他還能夠與你們繼續共處七個月。」

查理與蘿絲安大感震驚。他們的愛貓雷吉的確才剛中風,幾乎無法行走,大家都認定他來日無多。「他連站都站不起來,」蘿絲安後來告訴我,「我們必須把他抱起來才能讓他進入貓砂盆。老實說,我們已經在想安樂死的時候到了。」不過,既然靈界說等兩個禮拜,他們就乖乖等下去。兩週之後,雷吉在他們的臥室裡東晃西晃,宛若什麼事都沒有一樣。然後,他朝他們飛奔過去,與他們緊緊依偎在一起。果然,他又陪伴了他們七個月之久。

在雷吉離世之後,我又為查理與蘿絲安做了一次解析,這次雷吉也顯靈了。

「雷吉告訴我,他真是不敢相信現在自己可以窩在你們的床上,」我告訴他們,「他無法置信自己這麼好運,開心得要命。」

蘿絲安哈哈大笑,她也證實了我的說法無誤,他們從來不讓雷吉跟他們一起睡,因為要是放了一隻貓咪上床,其他

的貓也得一視同仁。

　　自此之後，我又為查理與蘿絲安做了多次的解析。在每一次的過程中，我都感受到靈界的愛與感激不斷湧出。在過去這三十年當中，他們出手營救的所有動物——狗與貓、麻雀、蟾蜍、鴿子、小鴨子，甚至是小小的蜜蜂——全都顯靈，帶來了一波波的愛與感謝。查理與蘿絲安奉獻自己、幫助呵護這些在人間的弱小殘傷的動物，也贏得了靈界滿滿的讚揚。

　　為查理與蘿絲安所做的這些解析，讓我獲益甚多。我因而更加領悟到我們自由意志的重要性。我們所做出的抉擇——尤其是每一次的善行——意義非比尋常。我們的行動很重要，查理與蘿絲安所做的一切很重要，對於眾人靈魂之強大集體能量來說，至關重要。它之所以這麼重要，是因為它們實踐了我們擁有的最偉大天賦——愛與療癒的能力無遠弗屆，澤被萬物，就連最小的生物也不例外。

　　這些解析也對我同樣意義非凡，因為查理與蘿絲安深信所有的生物都有某種共通的意識。他們認為就是靠著這種共通的意識，才能讓蜜蜂了解到他們的意圖、鯨魚能夠明白水岸群眾的集體意念能量，還有紐澤西公路的那些高速駕駛人全都知道要避開鴨群。

　　這種意識，會比物質世界更長長久久。

　　現在，查理與蘿絲安（當然，兩人都是素食者）得到了莫大的寬慰，因為他們知道動物家人們依然與他們有強烈的

愛之連結。

　　對我而言，我為查理與蘿絲安的解析，也成為動物在靈
界存活的進一步證據，而且我們與他們的連結牢不可破。我
也發現我們的寵物在世間的時候，根本不想要離開我們。我
通常會看到寵物過世有諸多通道，而他們總是選擇最後一
個。雷吉那隻貓又撐了七個月，我為另一對夫妻解析的是他
們十二歲的吉娃娃，拉拉，鐵定需要立刻接受安樂死。不
過，在我們的解析過程中，我卻看到了好幾個出口，其中一
個是那個月，而在接下來的那六個月當中、各有一個。他們
萬萬沒想到的是，拉拉又多陪了他們六個月——這樣的一段
時間，讓他們歡讚彼此之間的無盡之愛已是綽綽有餘。

　　在解析過程中，動物出現時通常會為我們這些在世的人
捎來重要靈訊。這些訊息可能與我們對動物過世的罪惡感有
關。我們決定給他們安樂死，這是正確抉擇嗎？我們是否已
經全力挽救他們的生命？我們是不是害他們承受無謂的苦
痛？只要是曾經深愛過動物的人，應該都能夠明瞭那種感
覺。最近，我為某名女子進行解析，有兩隻狗顯靈——其中
一隻是體型較大的獵犬，另一隻是比較小的狽犬。我看出獵
犬剛離世，而且我感覺得出來，這名女子懷有強烈罪惡感。

　　「他說妳完全不需要因為他離失而感到歉疚，」我告訴
她，「妳一切都做得很對，他的時候到了。而且他離開的時
候，妳在他的身邊，而且他想要謝謝妳如此溫柔呵護，一直
陪伴著他。這隻狗兒給妳的靈訊就是只有愛，愛，不斷的
愛。」

　　那女子淚水潰堤，她告訴我，當那條黃金獵犬生病的時候，她面臨艱難抉擇——她可以授權獸醫進行一場好轉機會極為渺茫的手術，或者，讓他安樂死。她想要竭盡一切努力幫助他，但她覺得那場高風險手術並不適合，因為他病情已經很嚴重。她決定不要再做任何治療，讓他安息。

　　她幾乎是立刻擔心自己做出了錯誤決定，為自己的狗兒付出得不夠多，就在他最需要她的那一刻，她卻讓他失望了，她覺得永遠沒辦法原諒自己。

　　在我們進行解析的過程中，她摯愛狗兒所傳達的靈訊很清楚——我很好。我看到那條獵犬與她的童年寵物在一起，某條小狽犬，一起在靈界。他很安全，開心，而且沒有任何苦痛。最重要的是，他對於她所給予的愛充滿感激。

　　「妳並沒有做出『錯誤』的決定，因為妳所做的一切決定都是出於愛，」我這麼告訴她，「當他離世的時候，他帶走了妳對狗兒深刻不變的愛，他一心只有愛。」

　　那女子告訴我，她覺得如釋重負。狗兒在世時她對他所傾注的愛，已經全回到她身上，而這正是她最需要愛的時刻。

　　靈界讓我們看到的是，當我們的寵物離世之後，他們安全幸福，完全沒有痛苦，感謝我們在他們在世時所給予的一切的愛。

　　來自靈界的訊息再清楚不過了：我們的寵物還活著，他們正在等待我們，我們會與他們再次相會。

| 21 |　　兩顆彗星

隨著我的信心逐漸增強、技巧越來越好，我的私人解析也變得越來越豐富深入。每一次的解析都是一次訓練。我了解到世間的一切之所以發生絕非意外：

我們遇到的每一個人都能夠帶給我們一些教誨，或者，他們會從我們身上學到東西，因為靈界懷有偉大的愛與目標、看顧眾人。

我也知道雖然大多數來找我做解析的都是相信有靈界的人，但也有許多人並不是。某些人很虔誠，相信天堂，而某些人則是接受有天堂，但不相信有什麼能夠讓我們能夠與其相通的方式。有些人性靈充滿，深信有種統合的宇宙之力，某些人來找我則是懷抱衷心期盼，能聯絡過世的摯愛。

但我也遇過某些解析的對象很鐵齒，根本不相信有這種事。

其中一位是名叫吉姆・卡吉亞的男子。

─────────

　　吉姆是科學家——某位地質學家。他出生於加州，自小在莫哈維沙漠邊界長大，小時候總是在誘發他想像力的乾燥沙地與岩石露頭附近玩耍。他拿到了地質學博士，為美國地質調查局工作了將近三十年之久，勘測礦物沉積物、分析同位素、判定稀有地球元素的起源與演化。他在泥巴、岩石，以及刷具之間找到了真正的美，但他也找到了某種確然性。

　　對吉姆而言，地球很實在——堅硬、可以碰觸得到、千真萬確的存在，他的工作就是要去了解那種堅實感的本質。他相信的是握在手中的物質：一塊楣石，或是鋯石、獨居石，不然就是其他的堅硬礦物，這些是他建構自身真實世界的基礎。

　　他的信仰，他的磐石，就是他的妻子凱西。

　　吉姆初見凱西之時，兩人都是卡爾佛城高中的高三生。就在重要的「顛倒舞會」——由女生主動邀請男生參加——到來的前一個禮拜，漂亮、人緣好，個性外向的凱西把吉姆拉到一旁。「你要不要和我一起去參加『顛倒舞會』？」那一年他們十七歲，接下來又攜手共度了四十五年之久。

　　他們在念大學的時候成婚，兩人在加州共創美好生活，吉姆是地質學家，而凱西則是當地校區的護理培訓師。他們生了三個兒子，史考特、凱文，以及克里斯。一九九四年的時候，凱西被診斷出乳癌，把吉姆嚇得半死。她住院住了一個月，而且需要做實驗性的治療。他們兒子凱文的高中畢業舞會正好與母親住院撞期，所以凱文與他女友刷手、穿上了

外科手術衣，高中畢業舞會的那一晚幾乎都待在凱西的病房。吉姆也在現場，但話說回來，其實他本來就一直都待在那裡。治療很成功，凱西恢復健康。

一切順遂，而到了二〇〇九年，凱西退休的那一年，卻發生了變化。吉姆本想要與凱西差不多時間退休——他們的打算是一起退休，重新整修自己的房子，在那裡安度晚年。

不過，就在退休的幾天之後，凱西出現肺炎，她以前也曾經與肺炎交手過，但這次並沒有好轉，反而越來越嚴重。凱西住院，吉姆陪著她，一心覺得這只是預防性就診罷了。

她的症狀沒有好轉，醫生發現多年前的實驗療法危害了她的免疫系統，現在造成她病弱體衰。檢驗結果顯示，凱西得了罕見的H1N1病毒——豬型流感。院方立刻把她送進加護病房，緊急插管，她再也沒辦法講話了。

但吉姆依然深信她會康復，凱西以前也曾經與這種病況奮戰過，而且她每一次都是贏家，她是鬥士。接下來的那個禮拜，雖然他們一直給她施打鎮靜劑，但吉姆幾乎寸步不離。凱西必須接受好幾次輸血，吉姆很清楚她有多麼痛恨針頭，所以當護士進來、將針插入的時候，他簡直無法站在那裡目睹一切。但他知道輸血是必要手段，也知道妻子會堅持下去。

入院第五天，護士們給了凱西他們所稱的「鎮靜假期」——暫時減輕鎮靜劑藥量，讓她可以保持清醒一段時間。當她在這幾天第一次恢復意識的時候，兒子們已經全部

圍繞在她身邊。她因為插管而無法言語，但是她可看著字母板依序指出每個字母。她想要自己的髮刷與梳子，還有她想要確定車庫旁的吊籃花有澆水。

護士們又為凱西施打鎮靜劑，兒子們回家了，不過，兩天之後，有名護士告訴吉姆，凱西的心跳飆到每分鐘一百六十下。吉姆知道凱西正在奮力對抗。直到某天晚上，醫生到等候室找他的時候，他才開始害怕。

醫生說道：「我覺得可能是該讓她走的時候了。」

讓她走？讓凱西離開？他心中從來沒有出現過這念頭，他從來沒有想過沒有凱西的生活。讓她走？這什麼意思？怎麼能讓一個對你而言代表一切的人，就這麼走了？吉姆嚇呆了。

加護病房的第八天，凱西的心跳開始變弱，現在是凌晨四點鐘，護士向他解釋，他們現在要為她輸血打針有困難。

「不要，」吉姆聽到自己的聲音，「不要再給她打針了。」

護士說時間不多了，金吉姆立即打電話給兒子，叫他們盡快趕到醫院。每個人只有一點時間訣別。他們一個接著一個，撫摸她的手臂，親吻她的臉頰。然後，吉姆在凱西病床前彎身，把她摟在自己懷中，抱住了她。

「我真的以妳為傲，」他輕聲細語，「我知道妳已經竭盡全力，我愛妳，凱西。」

吉姆發覺有人把手擱在他的肩上，是他的兒子史考特。

「爸爸，」史考特說道，「媽媽已經離開了。」

————

　　沒有任何事物能夠平抑吉姆的哀傷，那是無底深淵。他把所有凱西的東西都留下來，一如兩人平常一樣。他幾乎都處在陰鬱之中，他不回電話，也不准朋友過來探訪。他不確定自己在悲慘絕望的那幾個月當中究竟做了什麼，只有模糊隱現的記憶而已。

　　他還記得在少了凱西的狀況下，與凱文、媳婦瑪琳，還有她的家人共度聖誕節。他記得聖誕節早晨十一點整，幾乎每一個認識凱西、深愛她的人——就連遠在芬蘭的那些朋友也不例外——大家都點了蠟燭高舉空中懷念她。不過，除此之外，凱西過世後的那幾個月過得一團模糊，太痛苦悲傷，根本想不起來。

　　他原本會繼續這樣過好幾年吧——甚至餘生都是如此——不過，某一天他卻出現偏頭痛，他以前從來沒有這問題，但凱西以前偶爾會出現這毛病。就在這一天，吉姆看到了刺目閃光，覺得太陽穴一陣劇痛。他倒在床上抱頭，這樣的偏頭痛讓他想起了凱西。

　　他心想，凱西一定不希望看到我這樣。她一直照顧他，兩人一起打造生活，然而，他現在才發現，自己正在虛擲光陰。

　　自此之後，吉姆的狀況稍微改善了一點。在凱西過世之前，他與她才剛開始進行居家整修工程，現在吉姆開始重拾當初中斷的進度，他確定所有的細節都要符合凱西的想望。就在他打算要安裝新電爐的時候，一直與他們共事的電工開口反對。

　　「不行，不行，真的不行，凱西有交代過我，」他說道，「她想要瓦斯爐。」

　　吉姆安裝了凱西先前挑選的爐子。

　　過沒多久之後，吉姆參加了家庭聚會，開車返家，行經貝殼海灘附近的一〇一號公路的時候，他看到有東西在眼前閃動。他透過擋風玻璃往上細看，在黑色夜空中有兩顆彗星直墜海灘。它們超級明亮又速度飛快，急墜地面的那一刻，吉姆已經準備要感受震波。他回頭望向路面好一會兒，然後又再次找尋隕石，但已經不見了。天空一片寂靜，這一切彷彿都是出於他的想像。

　　過了幾個禮拜之後，吉姆接到兒子凱文打來的電話。

　　凱文說道：「我覺得有個東西你必須要看一下，」

　　凱文寄給吉姆一段影片，內容是某位靈媒對他妻子瑪琳進行解析過程，而那個靈媒就是我。

　　「看就是了，」凱文說道，「相信我。」

　　吉姆與他兒子史考特一起看那段解析影片。吉姆幾乎是立刻就注意到我使用的是他很眼熟的手勢，全都是凱西的一貫姿態。

　　他傾身向前，專心聆聽我描述一連串的家族大事、成員出生日期，還有各種狀況，而我就跟他妻子描述這些事時的姿態一模一樣。

　　「她怎麼會知道這件事？」他很好奇，「她的一舉一動怎麼會這麼像凱西？」

　　吉姆繼續聆聽凱西講話──透過我──足足有六十分鐘之久。

　　然後，就在解析快要結束的時候，瑪琳問我：「凱西是否在過世後想要聯絡吉姆？」

　　吉姆屏息，他無法消化自己看到與聽到的一切，但他需要聽見答案。

　　「哦，有啊，」我告訴瑪琳，「她一再努力嘗試，但每當她接近他的時候，他就越來越陰鬱消沉。她不想傷害他，但還是繼續努力，一切都試過了，她甚至還嘗試過彗星！」

　　吉姆跳起來。

　　「我必須要親眼見這女人！」

────────

　　我為吉姆做解析的時候，凱西已經過世將近一年了。我們約在位於長島漢廷頓車站社區的瑪琳娘家見面。我只知道他的妻子在一年前過世，除此之外，我對他一無所知。他顯然很緊張，他個頭高大，一頭灰髮，微笑的時候，雙眼也有

笑意。他不是年輕人，但依然有男孩的氣質，神情開放友善，他的能量具有冒險精神，但個性固執。他是那種讓人很樂意與其共處的人，但我也感受到他的深沉哀愁。

我們坐下來，先解析了他的能量約一兩分鐘。然後，我立刻感受到他妻子顯靈，對我現示出某個非常清晰的圖像。

「你的妻子向我現示的是你們亂七八糟的住家，」我說道，「牆面全敲掉了，地板碎裂，天花板低陷，一切天翻地覆。」

吉姆搖頭，微笑，他正在進行改建。牆壁、地板、天花板──一切都和我描述的完全相符。

「我還看到了某個像是爐子的東西，」我說道，「紅色轉鈕的瓦斯爐。」

吉姆哭了出來。

凱西不斷給我能夠確證她存在的各種細節，她對我現示了某個牆面的手印。

「她在給我看這個手印，還說她知道你天天撫摸廚房的牆壁。」

吉姆搖頭，露出微笑。

「廚房是她最喜愛的空間，」他開始解釋，「每天早上我一進去，就會因為思念她而撫摸牆壁，每天早上都一樣。」

「她知道，」我告訴他，「她也有回觸你。」

凱西現示抽屜裡的某個東西──某罐小瓶指甲油。

「凱西在取笑這東西，」我告訴吉姆，「她哈哈大笑說道，妳去取笑他，為什麼需要我的指甲油？」

吉姆也哈哈大笑，「她說得沒錯，」他說道，「我留下她的指甲油，把它放在車庫裡，那種紅色色澤和我車子烤漆一樣，所以我需要為車子潤色的時候，就可以派上用場。」

吉姆一直留著妻子的指甲油，這一點深深打動了我。那瓶指甲油原本是她的，現在成了他的東西，他們可以以各式各樣的方式恣意運用，不過，對他們來說，那絕對是不可或缺的一部分。這罐小東西是他們共同生活織料的縫線——超越時間與空間的限制、讓他們能夠持續相繫在一起。

我為吉姆所做的這場解析，也讓我看到我們在靈界的摯愛企圖與我們溝通有多麼努力不懈——還有，我們需要改變自己對世界的觀點、才能夠讓他們顯靈。

吉姆與我談了一個多小時。凱西顯靈，提供了其他多項私密細節。吉姆頻頻搖頭，不明白我怎麼會知道這種事。不過，我當然不認識他們，我只是為凱西傳達訊息而已。

等到解析結束之後，吉姆似乎大受震撼。他站起來，做了兩次深呼吸，擁抱我。

「我覺得自己剛才彷彿和凱西在聊天，」他說道，「我萬萬沒想到還有機會可以與她講話。」

吉姆要求再安排一場解析，但我知道不需要了。

「你不需要我，」我說道，「不需要透過我與凱西講話，她一直陪伴在你身邊。你只需要觀察周遭環境，要是出

現異象，專注凝神就是了。」

　　吉姆回家，買了一本剪貼簿，開始寫下所有令他印象深刻的不尋常事件。他開始書寫凱西同事在她退休時所送的玫瑰灌木叢，如何在前院栽種的過程，還有，就在凱西過世之後開始開花，那些玫瑰益發茁壯，鮮亮，而且遠比花園裡的其他花卉更加嬌豔動人。

　　他還寫下了他們結婚紀念日的情景，還有他與史考特前往某家他們許久不曾回訪的餐廳、共進晚餐的細節，而當他拿到菜單，率先映入眼簾的就是一道名為蜂蜜核桃明蝦的主菜——那一直是凱西最愛的菜。

　　他還寫下自己在保養車子的時候飛入車庫的美麗白鴿，還有那隻鴿子落地凝視他、他也回望的過程，他與牠彼此對看，久久不能自已，最後鴿子終於飛走了。吉姆目送牠離開，雖然只有他自己聽得見，但他還是大聲說道：「那就是凱西。」

　　吉姆甚至回去工作，接受了某個名譽地質學家的職位，繼續他的加州死亡谷研究計畫。那裡沒有山丘，沒有綠色植物。不過，對他來說，死亡谷是一個充滿美感與確然的地方，處處都有能夠讓他盈握手中的石頭與礦物。不果，在這片光禿禿的褐色地景之中，吉姆找到了某個對他而言真實度一如地表萬物的事物：他找到了凱西。

　　「我覺得她在這裡，」吉姆說道，「我覺得她一直在我身邊，我們總是在互動，我們的愛一如往常。」

　　吉姆相信某些科學無法證實的說法——某一天，他與凱西會再次聚首。這次的解析，打開了他的視野與胸懷。

　　「我看得到凱西與我重逢的畫面，」他說道，「我擁有能讓我從現在繼續活下去的工具，我必須活出凱西期盼的生活風貌。」

　　吉姆再也不需要劃破天際的兩顆彗星，他只需要一隻普通的白鴿，或是一盤蜂蜜核桃明蝦；真的，只要是能夠讓他想起凱西、以及兩人之愛的任何事物都不成問題。

　　「我覺得凱西一定會以我為傲，」吉姆說道，「其實，我知道她現在就以我為傲。」

　　吉姆終於完成與愛妻住家的整修工程，他在大門口放了一塊典雅的黃銅刻飾板：凱西之家。

| 22 | 風橋

我在這世界尋索適合位置的過程一直不曾休歇。身為老師，我一直鼓勵自己的學生要持續不懈追求知識；身為靈媒，我也付諸實踐，還有許多我需要解答的重大疑問。

芙蘭與鮑伯・金斯伯格夫婦建議我要去找人類潛能應用研究的風橋機構，裡面的成員是一群致力研究傳統科學規範無法解釋之現象的科學家。風橋總部位於亞利桑那州，創辦人之一是茉莉・貝拜謝爾博士，她同時也是研究計畫主持人，另外兩位創辦者是永續家庭基金會的靈媒，喬安・葛伯與多琳・莫洛伊。我很喜歡這個提議，我的能力不僅能幫助哀傷的人，也可以供作進一步的科學調查之用。

風橋的任務說明指出此一機構的重點叩問就是：『我們要如何處理存於自己體內、心靈、靈魂的潛能？』我們能夠靈療彼此嗎？自我呢？……我們是否能夠與已經離世的摯愛之人進行溝通？」

我知道風橋對於有靈媒能力的人提供了一套嚴格的篩測與認證體系，那是包含八大步驟的過程，其中還包括了一次

五重盲測。這套流程的設計目的是為了要排除各種所有外在因素的可能性——冷讀術、參與誤差、實驗者提示，甚至是心電感應等等——影響到測試結果。在五重盲測的解析過程中，實驗的監測者對於所有資訊都一無所知，他們完全不知道有關「脫殼肉身」的（這個詞彙所指稱的是已過世的摯愛）任何線索，也不知道是由哪一名靈媒執行解析，甚至就連哪一位解析者配合哪一名問事者都不知道。

　　多年來，我一直渴望知道自己獨特能力的成因，也想知道它對於我個人、心理面、生理面會造成什麼影響，看來我有可能在風橋找到答案。我寫電郵給貝謝爾博士，我告訴她，我想要接受測試。

────────

　　貝謝爾博士在亞利桑那大學取得環境科學學士、藥理學及毒物學博士。她母親在她還是學生時自殺，之後，她找了靈媒，發覺解析很有意義，開始對於超自然現象起了好奇心。

　　貝謝爾博士迅速回信，請我完成一份涵蓋我的個人過往、教育程度、特定通靈能力之類事項的問卷調查。接下來，我交出了根據邁爾斯—布里格斯性格分類指標的人格測試，這是一種評量外向程度、妥協度，以及其他人格特徵的臨床測試。第三步是接受兩名機構認證靈媒的訪談，他們的

任務是要確定我的動機，還有我是不是良好的團隊夥伴，是否有興趣深入探索心靈學——等等之類的問題。我與負責面談的那兩位靈媒相談甚歡，其實，當我專注聆聽自己回答他們提問的時候，自己的某些答案也讓我嚇了一跳，彷彿靈界在導引我完成這一段過程。

「就靈媒任務而言，妳會在未來五年之中如何看待自己的角色？」這是其中一位靈媒詢問我的問題，我聽到自己的回答是，我會把身為靈媒的任務放到生活中的優先位置，而且我很雀躍，因為我將會與靈界的某個光之團隊——已經往生的小孩——攜手努力，將生命在靈界會繼續延續、沒有死亡的靈訊，在世間傳播出去。幫助眾生在當下活出最精采的樣貌，我將其視為自身使命。我還提到我想成為風橋的一分子，這樣一來，就能進一步探索靈媒的各種任務。

與其他有志一同的靈媒進行交流，終於領悟到靈界真實存在的狀況下過的會是什麼樣的生活，也提供了我力量與信心，我們都體驗到一模一樣的真相。當我知道自己已經通過了面談的那一刻，我露出了微笑。

接下來的部分是與貝謝爾博士進行電話面談。她問了我的進程，同時也詢問了我的目的——為什麼想要申請風橋認證？還有我目前如何運用、未來又打算如何發揮自己的天賦。經過了一個半小時之後，她告訴我可以準備進入下一個階段了：第五步驟。

在這個部分當中，他們要求我必須遠端解析風橋研究者

所挑選的十二名志願問事者，而且盡量為每一名問事者連結到他們已過世的某位摯愛。我當時並不知道，他們刻意挑選差異懸殊的脫殼肉身──比方說，一老一少──避免出現可以同時套用於兩名問事者的通用性解析成果。

　　他們不會向我透露問事者的姓名或是他們與過世者的關係，我只知道離世者的名字。而負責挑選問事者的研究員會把逝者名單交給貝謝爾博士，然後貝謝爾博士打電話給我，給我其中一名逝者名字，設定十五分鐘的時間，詢問我有關那位逝者的某些詳細問題，對方的性格、外貌、興趣，還有死因。

　　貝謝爾博士與我對於離世者或問事者都一無所知。而且，問事者對我一無所知，也不知道我的解析結果，直到之後才會揭曉，而我只能靠著一個名字進行解析。

　　這套運作規範，可以確保我取得資訊的唯一方式就是靠死者。真的會成功嗎？當我召喚其名的時候，死者知道要在哪裡找到我嗎？我能夠在問事者根本不在電話另一頭──甚至不知正在進行解析的狀況下順利連通嗎？我當初怎麼會答應這種事？我轉向唯一能夠明白我這種焦慮的兩個人：金姆與芭比，我把過程描述給她們聽。

　　金姆向我保證：「當然不成問題。」

　　芭比也這麼說：「靈界為了要傳達自己的靈訊，當然知道到底要去哪裡找妳。」

　　到了預定的那一天，我好緊張，坐在床邊等待貝謝爾博

士的來電。

「妳等一下要聯絡的亡者名叫瑪麗，」貝謝爾博士語氣平鋪直敘，「請把她的樣貌、還有她如何過世的過程告訴我。」

開始了。我沒有時間忙著緊張，因為突然之間，我感受到一股強大的靈訊洪流顯靈。我立刻開始描述瑪麗，指出她與問事者的關係，描繪出她這個人與她生活的圖像。她向我現示她大約是一百七十三公分高，金髮，淡色眼珠，過世的時候將近八十歲。她還展現了她的嗜好：園藝、閱讀、騎腳踏車。她讓我知道她已婚，育有兩名子女。她帶引我到達她的胸腔區域，指出死因，我突然覺得呼吸困難。然後，她又向我現示了某間醫院，我了解到她已經病了一段時間，是因為疾病過世，而不是意外。雖然明明靈訊不斷湧入，但我還是很難相信居然能夠這麼不費吹灰之力。

過了十五分鐘之後，貝謝爾博士向我道謝。她說一個禮拜過後的同一時間會再打給我，進行第二次解析。我掛了電話，整個人還有點頭暈腦脹，我走出臥室，進入廚房，我的小孩在安靜玩耍，我母親在我接聽電話的時候幫我看小孩。

她開口問道：「結果怎麼樣？」

「很過癮的體驗，」我回道，「一聽到名字之後，我立刻感覺到有人顯靈，提供了所有的靈訊。問事者不在現場的時候，我也辦得到，我還真的不知道這一點，但靈界真的知道要怎麼找到我。」

「太好了，」我母親說道，「看來會很順利。」

「嗯，我是這麼想，看來只有兩種可能：其一是我有幻覺，剛才鬼扯了一大篇的人生故事；不然就是真的成功了。」

過了一個禮拜之後，貝謝爾博士打電話給我，準備要進行第二次的解析。雖然上次十分順利，但我依然緊張兮兮，貝謝爾博士告訴我，這名逝者是珍妮佛。就跟之前一樣，靈訊泉湧而出，字句與畫面到來的速度超快，我覺得自己根本像是在口述某本小說一樣。這一次，我看到的是一名年輕女子，應該是二十八、九歲。她向我現示的畫面是棕色捲髮與綠色眼眸，還有她喜歡音樂，會吹長笛。我還看到了她在世的親人：媽媽、爸爸、哥哥，以及姊姊。她特別指出她的某名家人——她的母親，我覺得她想要告訴她母親，她很好。她還向我現示了某種惡化速程度超越家人預期的死疾，沒有時間能夠好好道別，因為當她進入另一個世界的時候，已經處於無意識狀態。

靈訊不斷湧入，令人雀躍。值此同時，由於我並沒有得到任何的反饋，所以我不知道自己所說的話是否有任何的關聯性。貝謝爾博士也不知道。十五分鐘結束了，貝謝爾博士向我道謝，還告訴我幾個禮拜之後就可以知道結果。

貝謝爾博士謄錄我兩次解析的錄音檔，將它們改為條列格式，以電郵寄給了風橋的研究員——不是一開始與問事者面談的那一位。而且，她還重新修改了逝者名字，所以研究

者不知道哪一份解析該與哪一位問事者兜在一起。

　　然後，研究者將兩組結果寄給那兩位問事者，他們不知道哪一份才是自己的結果，他們要直接依據各個清單上所列出的約一百個項目、與他們摯愛相符的程度評比分數。根據每一項敘述的準確度，可以給出〇到六分，合理、而且不需要多作詮釋的敘述，可以得到最高分，而需要大量詮釋才能找出相關度的敘述，分數最低。比方說，要是關於金錢的明確敘述，也許可以拿到六分，而要是敘述正確、但卻其實與另一名過世親人有關，可能是拿到兩分，至於完全沒有關聯性的敘述則是〇分。每項敘述的單項分數最後會累加在一起，等到打完成績之後，每一名問事者會認定哪一份才是自己的解析結果。

　　為了要讓靈媒能夠通過這一部分的測驗，每位問事者必須要判定哪一份才是自己往生親人的正確解析，然後給予三點五以上的分數。要是不符合的話，就只能得到二點〇以下的分數。

　　大約在第二次解析過後的第二個禮拜，我正忙著擺放晚餐的時候，貝謝爾博士打電話給我，我叫小孩保持安靜，悄悄把電話帶入臥房，我心跳得好快。我們寒暄了一分鐘，接下來陷入尷尬沉默。我覺得自己就像是我的某個學生一樣，面臨收到考卷成績之前的那種可怕時刻。她沉默不語，是不是因為有壞消息？

　　「好，我已經拿到妳的測驗報告了，」貝謝爾博士終於

開口,「妳通過了這一部分的測驗。」

我頓時鬆了一大口氣,覺得有些激動,但還是忍住了,因為我知道這兩次的解析只是在全部過程中此部分的第一階段而已。

我剛通過的解析,被稱之為「問事者不在場的解析」。在接下來的那一個回合當中,我必須要解析同樣的問事者,想辦法連通同樣的過世親人,不過,這一次問事者會在電話的另一頭,一旁還有貝謝爾博士陪伴。貝謝爾博士不會點出問事者的身分、問事者與逝者的關係,就連問事者的性別也一樣——只有已逝者的名字。而且,他們也指示問事者,在解析一開始的前十分鐘必須要保持靜默。

大約在一個禮拜之後,貝謝爾博士在指定時間打電話給我,還告知我問事者已經在線上。

「問事者,請按下你電話的某個按鍵,讓我們知道你已經準備好了。」貝謝爾博士下令之後,我聽到了某個音頻——問事者正式上線。

貝謝爾博士告訴我,等一下我要再次連通瑪麗。

「請開始。」

靈界立刻給了我問事者的名字,莉莎,還有她的職業——她是護士。我收到的影像顯示瑪麗是莉莎的外婆,對她來說,外婆是母親的象徵。在接下來的十分鐘當中,我幾乎無法喘息——靈訊湧入的速度就是這麼快,我也感受到我先前進行解析時那種一模一樣的雀躍感。十分鐘之後,貝謝

爾博士指示問事者可以說出單字——「嗨」——然後針對我
所分享的靈訊，可以利用「是」、「不是」、「也許」、「應該
吧」，或是「我不知道」作為回應方式。在這一段的解析之
中，有更多的互動片段顯靈。莉莎的外婆開始告訴我有關莉
莎生活的事。她單身，但是養了條小狗，她工作努力，而且
還是靠一己之力完成學業。她與外婆比較親，甚至還超過了
她的生母。莉莎的外婆感謝莉莎在她生病時照顧她，而且還
在她過世時守在身邊。

　　解析結束的時候，莉莎向我道謝，她說能夠再次連通外
婆，真是太好了。能夠幫問事者與逝者牽線，我覺得好開
心，甚至比瑪麗當初告訴我莉莎姓名的時候更快樂！我很感
謝瑪麗這麼努力溝通、提供了自己的靈訊。

　　一個禮拜之後，我進行第二次的問事者在場的解析。貝
謝爾博士請我再次連通珍妮佛。靈界立刻告知我電話另一頭
是逝者珍妮佛的媽媽。然後，我聽到女兒在吟唱一首特別的
歌曲：奧斯卡‧邁爾肉品公司的廣告歌，哦，我真希望自己
是奧斯卡‧邁爾香腸……

　　我看到了麻州這個字，然後，珍妮佛又向我現示某座美
麗清透的湖泊，在暖和的夏日之下，宛若有許多水晶在水面
跳動，我還看到了壯偉高聳的針葉林，我將這一切全告訴了
我的靜默問事者。

　　進入到解析第二部分的時候，問事者可以講話，我知道
她是女兒已經過世的某位母親。後來，等到解析結束之後，

問事者在電話中詢問貝謝爾博士，是否能夠立刻告訴我一件事？她想要向我證實奧斯卡・邁爾肉品公司的廣告歌的確對她十分重要。

「我有一張女兒在萬聖節拍的照片，」她告訴我，「她穿的就是奧斯卡・邁爾香腸的道具服，她好愛那首歌，總是唱個不停。」

過了幾個禮拜之後，貝謝爾博士將這名問事者的郵件轉寄給我，我這時候才知道她叫琴恩。她還想要向我證實解析過程中的其他事項完全無誤。「我住在某座湖畔旁的森林，」她寫道，「當妳提到『湖』這個字的時候，我正在眺望湖面，而當妳說到湖面陽光的時候，太陽正好破雲而出，照耀湖面，讓我全身起了兩次雞皮疙瘩。」

多麼美好的一刻。琴恩在眺望那座湖的時候，她的女兒正在對我描述畫面。她告訴我，那座湖，還有他們的家，周邊被松樹層層圍繞。琴恩就是從這一點知道女兒陪伴在她身邊，而且女兒還仔細描述湖泊樣貌，讓她母親明白在那個當下她就在那裡。

解析結束之後，問事者會根據我提供的訊息評分。日子一天天過去了，雖然我很有信心，但遲遲沒接到通過這部分測驗的確認信，讓我很是焦慮。

在萬聖節的那一晚，就在我陪孩子玩完「不給糖就搗蛋」的遊戲、剛返家的時候，我還沒脫去自己的女巫帽與斗篷，先檢查電郵，看到收信匣裡有貝謝爾博士的某封來信。

我雙手顫抖，我知道這封電郵裡有最後一階段的結果。沒有電話，沒有儀式，沒有吹喇叭撒五彩紙花，只有一封電郵，可能是說：恭喜，進入了下一階段，不然就是：謝謝，但已經到此為止了。

我開口：「蓋瑞特，來了，我收到了電郵。」

「快打開啊。」

孩子們跟著大聲附和，「打開打開！」

我等了一會兒，才準備打開電郵。每當我要點開的時候，我的手就會不由自主離開鍵盤。終於，我深呼吸，開了那一封電郵。

「很開心能夠通知妳已經成功通過了篩選的前五大步驟，」貝謝爾博士寫道，「我很樂意邀請妳參加接下來的篩選步驟與訓練流程。恭喜！」

我的雙眼盈滿淚水，面向蓋瑞特和小孩，激動得無法言語。

「怎樣？」他很擔心，「通過了嗎？」

「對！」我尖叫，淚水潰堤，全家人簇擁在我身邊，抱住了我。

海登問道：「為什麼媽咪通過測驗要哭呢？」

蓋瑞特說道：「因為她很開心。」說完之後，他又把我抱得更緊了。

不過，除了我的激動情緒之外，還有無人知曉的心事，我一直沒有向別人透露的事，在我同意參加風橋機構測試的

那一天——我就在心中暗暗對自己、以及靈界許諾，要是我通過測驗的話，我絕對不會再質疑自己的特殊能力。我就是靈媒，與死者溝通的一切都是真的，而過世者也知道要怎麼找到我、向我傾訴、給予我確實的靈訊，不然就是這一切全屬虛妄。

不過，現在我知道了，靈界已經完成了它的任務。

現在輪到我完成自身使命。

貝謝爾博士電郵的最後一段內容如下：「要是妳願意繼續參加『風橋認證研究靈媒』的篩選流程，請通知我一聲。」

我決定要實踐自己與靈界的連結關係，奉獻自我，進一步培養自己的特殊能力，予以應用，竭盡所能幫助眾人。這包括了成為一位研究靈媒，讓科學家可以研究我，更加了解我的能力。我立刻回信，沒問題，我想要繼續下去。我還得要完成三大步驟——靈媒研究訓練、人類研究受試者訓練，以及悲傷訓練。這種訓練的目的是要教導我過去這一百年來的靈媒發展與科學史，指導我同意被風橋科學家研究的倫理道德，還有傳達機構所累積的智慧，該如何在解析過程中以及解析結束之後以最佳方式幫助問事者。完成了這些步驟之後，我在信箱裡收到了證書，我現在正式成為風橋認證研究靈媒，全美只有十九個人獲得這項資格，而我是其中之一。有了機構證書，就表示我能夠參加風橋實驗與活動，幫助機構進一步研究超自然現象。我好雀躍，我能夠與風橋一起進

行科學層次的活動，而且也能在永續家庭基金會幫助喪親
者。我覺得自己與靈界有了連結，而且能成為光之團隊的成
員之一，讓我深以為傲。

　　我寫信給芙蘭，將我獲得風橋認證的消息告訴她，同
時感謝她引領我找到了貝謝爾博士。我打電話給金姆與芭
比，鼓勵她們參加風橋測試——我也很高興告訴各位，金姆
後來也成了風橋認證靈媒。（芭比晚了一個月，錯失測試機
會——她聯絡他們的時候已經截止了。）

　　最後，我終於知道我解析第二回合——也就是問事者在
場解析的分數。其中一名問事者給我的分段敘述準確度是百
分之九十，而另一名問事者的解析準確度評分是百分之九十
五。

　　這一切代表了什麼意涵？我很好奇這樣的結果會讓貝謝
爾博士得出什麼結論。

　　「身為科學家，我不能明確宣稱靈媒會與死者溝通，」
貝謝爾博士說道，「但我可以說的是，數據傾向如此，而科
學也正朝那個方向邁進，科學在加緊追趕，我的數據支持的
是與亡者意識進行溝通有其可能。」

　　不過，對我來說，這份證書還有別的意義，那表示我人
生當下的階段已經修業成功，準備進入下一個階段的旅程。

第 三 部

| 23 | 卡納西碼頭

二〇一〇年十一月的時候，我突然接到好友安東尼的來電，他請我要盡快為他的朋友瑪利亞安排一場通靈解析。他說，她現在遇到了緊急狀況，她父親已經失蹤十天之久，沒有人知道他的下落，也不知他是生是死（備註：本章提到的部分人名因隱藏真實身分之故、已經做了更動）。

我安排第二天打電話給瑪利亞。我找她的時候，她正在開車，她請我等一分鐘，讓她停車，在那一片靜寂之中，我感受到她的哀愁與困惑。我也立刻察覺有人從靈界急忙出來，某個父親的影像。這不是我所樂見的畫面，我不想告訴瑪利亞這種消息。一定很痛苦，但我別無選擇，我必須講出我從靈界得來的消息。「瑪利亞，有件事我必須要告訴妳，」等到她坐定之後，我的語氣只能盡量溫婉。「我看到靈界有個父親的形影為妳顯靈，他說他名叫約翰。」

過沒多久之後，我就發現在我解析的那個時候，警方早已開始進行公開調查。

───────

　　警方調查比我的解析幾乎早了兩個禮拜，二〇一〇年十一月四號，某個寒冷的雨天。名叫約翰的七十二歲男子，一整個早上都待在紐約皇后區的自宅裡，而他的妻子瑪麗一直陪著他。到了中午十二點三十分左右，瑪麗準備要出門從事她的特教工作。她早上不舒服，約翰看到她沒吃午餐，很是擔憂。

　　「別放在心上，」她告訴他，「回家之後，我會吃東西。」

　　瑪麗向他說再見，出門去了。

　　要是換作其他日子，約翰應該會留在家裡吃午餐，或者去散散步。不過，那一天約翰卻走出大門，直接冒著冰雨前行。他並沒有穿厚外套，只有運動衫。而且他沒有帶手機、鑰匙、皮夾，身上根本沒有一毛錢。而且他也沒有攜帶自己平常治療肺氣腫的的吸入劑。

　　兩個小時之後，瑪麗回到了家中。她大聲呼喊約翰，卻得不到任何回應。她在屋內四處尋找，但就是不見人影。當她看到約翰的手機、鑰匙，心中頓時出現一股可怕的恐懼感，原本尋常的一日，已經完全脫離常軌。

───────

對約翰來說，家人就是一切。他為了太太與三個小孩，拚命工作。他之前是專業景觀設計師，平常會在後院種植番茄。認識他的人都說他個性坦率，而且溫柔體貼。他退休之後，開始幫女兒瑪利亞照顧小外孫。

不過，就在約翰離家出走的前一年，他的個性發生了變化。越來越內向壓抑，很容易就動怒煩躁。有時候，他會突然翻舊帳——數十年前讓他心煩的事——但抱怨的態度卻像是剛剛才發生的一樣。瑪利亞帶他去看神經專科醫師，診斷之後發現約翰已是早期阿茲海默症。

妻子與小孩一直緊盯約翰，他開始服用阿茲海默症藥物，但這卻讓他變得無精打采又封閉。他的家人拚命想要幫助他。「我們一直被他拒絕，」瑪利亞向我解釋，「我們以為他的症狀純粹是老化。我們才剛開始進入這段過程，還在努力摸索怎麼樣對他最好，但我們看得出來他正逐漸走下坡。」

然後，在十一月四號那一天，約翰離家走失了。他妻子發現家裡找不到人，立刻開車在住家附近找人。過了二十分鐘之後，她打電話給女兒。

「妳爸爸失蹤了。」

瑪利亞問道：「妳說失蹤是什麼意思？」

「他不見了，整個人就這麼消失了。鑰匙和錢包都在家裡，但沒看到人。」

「好，」瑪利亞當機立斷，「我們報警。」

　　當天晚上，約翰的三名子女開車在皇后區四處繞行找人。第二天，他們改採步行方式，在街上逐一詢問店家老闆，張貼傳單，瑪利亞說道：「我們走入大街的每一個店家，從頭問到尾。」在最後一家商店，某家助曬美容院，瑪利亞在某名年輕收銀員面前拿出爸爸的照片。

　　「啊，天哪，」收銀員驚呼，「昨天我有看到妳爸爸！」

　　收銀員在附近麵包店吃午餐的時候，看到約翰在外頭，他正開口向路人討五元美金。這個消息帶給瑪利亞一絲希望。接下來的那三天，她把車停在麵包店對面、坐在車裡等待父親回來。

　　值此同時，多名親友也在附近發動了搜尋，到處發送傳單，結果這成了皇后區有史以來最大規模的尋人事件之一。一大群人四處尋找，包括了騎警隊、直升機、搜救犬、電視記者，還有一小群志工，大家花了將近兩個禮拜的時間，為了找尋約翰的蛛絲馬跡，翻遍皇后區的每一個角落。

　　但完全不見蹤影，他消失了，沒有留下任何線索。

　　就在這個時候，我的朋友安東尼打電話給我，找我為瑪利亞解析。

――――――

　　我講出她的父親從靈界顯靈，瑪利亞立刻大哭。我等她平撫心緒之後，才講出約翰現示給我的靈訊。

　　十一月四日，約翰走出家門，頓時陷入困惑，失去了方向感。雖然他沒有帶錢，但還是上了公車，後來又搭火車。他走過的那些街道，有的熟悉，有些完全不認識。他走到了麵包店，還有好幾個平常會去的地方。不過，他漫無目標——沒有目的地，也沒有真正的方向。然後，我的解析螢幕顯露出「卡納西」的標誌，他接下來又現示出水面，然後是碼頭，我完全不知道是什麼意思，但我還是傳達給瑪利亞。

　　「是『卡納西碼頭』！」她上氣不接下氣，「在布魯克林，與皇后區的交接地帶。那是我爸爸最愛的地方，在我們小的時候，他老是把我們帶去那裡玩。」

　　這個總長一百八十公尺的木造碼頭，就在皇后區環狀高速公路段的卡納西公園的後方，突伸進入亞買加灣，是釣魚的熱門地點——遇到盛產季節的時候，可以在這裡捕獲比目魚與鮭魚。約翰喜歡在那裡釣魚，年紀大了之後，他喜歡沿著棧板散步、前往靠近水域的地方。約翰失蹤之後，卡納西碼頭是他家人最先尋找的地點之一，但是卻沒有發現他曾經到過那裡的證據。

　　現在，約翰現示的是他到了碼頭之後的舉動，我盡量溫柔，將我看到的一切告訴瑪利亞。

　　約翰先在卡納西公園停下來，撿了一些石頭。他把石頭放進運動服口袋，走到了碼頭的尾端。天色昏暗，外頭又冷，所以碼頭空無一人。他彎腰穿過護欄，投水自盡。

「就在入水的那兩分鐘之間，」我說道，「妳父親溺斃身亡。」

然而，就在約翰過世的那一瞬間，他感受到一股強大的悔意。

「他說，你們拚命找他，又承受了這樣的煎熬，讓他很過意不去，」我告訴她，「他原本覺得應該在一兩天之內，就會有人找到他的屍體。不過，潮浪卻捲走了他。他說他引發這麼大的騷動，十分過意不去。」約翰讓我看到了兩個字母，M，還有A，我明白他的意思。「現在找尋他的屍體只是白費工夫，」我說道，「除非要等到MA開頭的月份——也就是三月或是五月，在此之前，潮水不可能把他帶回來。」

約翰向我現示，他之所以會自殺，是因為擔心最後自己會得失智症，瑪利亞立刻向我證實了這一點。「他覺得他最後會成為家人的負擔，但他不希望發生這樣的事，」我說道，「他不想要成為累贅，不過，當他溺死的時候，才驚覺自己犯下了大錯。」

他原本想要靠自殺減輕家人的重擔。不過，他後來才赫然發現，自己奪走了他們的一大恩賜。

約翰的疾病，表面上看起來像是痛苦又悲慘的厄運，但其實這卻是一個難得的機會，能夠讓他們分享與深化彼此之間強烈又毫無保留的愛。約翰病得更嚴重，就越需要家人的照顧與關心——然而，在他惡疾的陰鬱暗處，其實卻含有約

翰尚待學習的功課，還有他必須教導別人的功課。

　　課程的主題之一也許是耐心，也許是同情，也許是無條件的愛，或是領悟我們的療癒力，又或是克服我們對死亡的恐懼。約翰剝奪了自己與家人學習這些課程的機會。他並沒有發現，照顧他的舉動──對於深感無以回報的那些人來說，是一種寬慰──這絕對不會減損他家人對他的愛，反而會變得更加厚實。他不知道讓家人在他生命中最脆弱的階段照護他，將會讓他們有機會沉浸在彼此深厚、濃烈、充滿熱愛的連結關係之中。

　　約翰決定終結自己的生命，也讓他們痛失了這種恩賜。

　　「他說很抱歉，」我告訴瑪利亞，「他不斷告訴我，真的很抱歉。」

————

　　我們的通靈解析結束之後，瑪利亞聯絡紐約市警局的法蘭克・賈西亞，對方是負責偵辦她父親失蹤人口案的警探。瑪莉亞把我在解析過程中講出的靈訊全告訴了他。

　　「我需要你們搜查水域，」她說道，「我爸爸在裡頭。」

　　賈西亞警探願意幫忙找人。他們在某個冰寒雨天一起花了五個小時的時間在牙買加灣邊緣的嶙峋礁石爬上爬下，天氣實在太冷，瑪利亞的雙手雙腳都凍麻了，不過，她還是繼續找──他們兩人都是，但最後還是苦尋無果，就是找不到

約翰。

「要是我聽到任何消息，一定會讓妳知道，」賈西亞警探向她保證，「不要擔心，我們一定會找到他。」

三月降臨，結束，無消無息；冬去春來。

五月一日，瑪利亞打電話給賈西亞警探。「到了這時候，我們一定會找到他，」她說道，「這是MA開頭的月份。」

警探答應她，「我們會注意。」

不過，五月到來又離去，依然沒有結果。

————

六月初的時候，賈西亞警探接到海岸防衛隊的電話。他們在牙買加灣執行演練，其中一名警官發現有東西被沖刷上岸。是人體殘骸——不是完整屍首，只有骨骸。海岸防衛隊帶回屍骸，送交他們做DNA檢驗，花了好幾天之後才確定結果，但出爐之後確定是約翰無誤。

賈西亞警探訊問：「什麼時候發現的？」

「幾天前，」海岸防衛隊警官回道，「在五月。」

賈西亞警探打給瑪利亞，告知她這個消息，而且他也解釋了為什麼遺骸會這麼久才浮上水面，當人在冬天落水的時候，會沉入水底，被潮浪捲走，而當天氣回暖之後，屍身就很可能會浮出水面。約翰的遺骸終於在距離他卡納西碼頭不

遠處出現，也就是他當初離世的地方，他一直待在那裡的水域之中——但他們就是找不到他。

賈西亞警探告訴瑪利亞，「從來沒發生過這種事。」

「什麼事？」

「就是妳的靈媒啊，」他說道，「她在場邊下指導棋，可以在哪時候和哪個地方找到妳父親，她告訴妳的一切都發生了，我從來沒遇過這種事。」

不過，對瑪利亞來說，這也無須驚訝，「當警探打給我的時候，我已經很平靜，」她說道，「我早就知道我爸爸上了天堂。」

───────

約翰在天堂，就連那些自殺的人也會上天堂。他們在那裡進行靈療，然後繼續自己的成長與悟道之旅。他們也想要回頭幫助世間的摯愛進行療傷。約翰在天堂很安全，也得到了愛，但他還是主動溝通尋求寬恕——讓家人得以平靜。

一開始的時候，瑪利亞很難寬恕他，他的決定讓大家痛苦不堪。不過，久而久之，她還是原諒了他，她明瞭他為什麼會做出那樣的事，而且她也知道他們之間的愛不會因為他離世而就此終結，永遠不會。

不過，要是約翰能夠在投入惡水之前、就能夠徹悟這些課題呢？要是全家人面對他疾病的時候、把它視為某種更偉

大計畫的一部分呢——當成是所有人成長的機會？浸淫在充滿愛與憐憫的深泉之中？試想一下，要是我們在世間的時候都能夠達到那樣的清透心境？我們都能夠把疾厄當成把自身的愛擴展到靈魂層次的機會？

其實，我們都可以得到這樣的清透心境，只需要看見與珍惜連結我們之間的光束與愛，不論是在順境抑或是逆境，在此生或是來生，我們需要增亮我們之間的光。

約翰看到這種光的時候有點太遲了。不過，他靠著現在得到的恩賜，還有他照耀通往這種世界之道的明光，將他自己學到的功課分享給大家。

| 24 |　解謎

　　我並沒有為自己的靈媒服務刊登廣告，許久之前我就有
所體悟，只要是需要我解析的人，自然就會靠某種方式找到
我。所以，當我的朋友約翰告訴我，他有個朋友甘恩想找我
解析的時候，我立刻就答應他盡快安排時程。

　　我是透過電話為甘恩解析。當我一通啟他的靈光，立刻
就看到非常獨特、與眾不同的影像──絢麗的色系，宛若彩
虹，但更加飽滿濃烈。各種色彩層層疊加，全部都是純粹明
亮又燦爛的色澤，這是我在解析過程中從來沒有過的體驗。

　　「我的天，你的靈光好壯麗，」我說道，「這不是一般
人的靈光。」

　　一般來說，人的主靈光層次會有一到三種顏色，出現在
我螢幕的某個圓圈之內。不過，甘恩的靈光巨大廣闊，旋繞
的各種顏色不只在內圈，就連外圈也有。

　　我看到了美麗的綠色，這是對新思維抱持開放心態的象
徵。我看到了白色，靈魂試煉的勝利者。然後，我看到了粉
紅色，這表示他對於人性滿溢的愛，還有獨特的淺藍色。

「藍色是靈魂的高尚象徵，」我告訴甘恩，「這種藍色顯示你在這個世界上是某種更高階的性靈，你來世一遭為了要幫助療癒與教導人性。還有這種藍色與其他顏色的連結方式……意味你的能量會在世間擴展，而且會為其他人帶來改變。」

通常我只會花幾分鐘的時間凝視某人的靈光，不過，甘恩的美麗能量卻讓我流連不已。

「你對眾人能夠產生非常均衡，療癒的效果，」我繼續說道，「而且我還在你的上方看到了白色，每當我看到有人出現白色靈光的時候，那就表示對方贏得了某場靈魂試煉——就像是靈魂在世間的某種自我挑戰。不過你的靈魂試煉不只是關於你自己而已，我還看到了確切的師者能量，但是它擴展的範圍超過了一般的教室。你來世這一遭的肉身承載了層次很高的高靈，但你身上也有人性，一種謙遜的態度。真美，你不只是完成了自己的靈魂試煉，之後也會幫助其他人完成他們的靈魂試煉。無論你在世間做些什麼，在你離世之後一定會引起迴響，帶來療癒與愛，哇！」

「很抱歉在你的靈光停留這麼久，」我終於告一段落，「但我很少看到這樣的景象。」

————

等到我的注意力從甘恩的靈光移開之後，我聽到美妙的

感恩合唱。

「全都是來自靈界的感謝，」我說道，「我感動得都起雞皮疙瘩了。也不知道是怎麼回事，你正在教導其他人認識靈界。我覺得你自己會比我清楚，你明白我的意思嗎？」

甘恩說他懂。

「那裡有幾個小孩，想要向你道謝⋯⋯因為你為他們的父母帶來了平靜，」我繼續說下去，「還有好多個，但都不是你的親戚，這種致謝是代表所有的孩子——他們感謝你是因為你的所作所為。當人們過世之後，審視自己的一生，才會驚覺自己在人間其實可以助人。至於你呢，彷彿你早就知道了，但你卻還在世，你幫助其他人明白這個道理。我看到的畫面是非常美好，非常之美好。」

有名女子為了甘恩而顯靈。

「我感受到有個名字是R開頭的人現身，連通的是你的祖母。」

「對，」甘恩回我，「她的名字的確是R開頭。」

「是羅絲嗎？」

「沒錯！」

「她告訴我，你是和平推動者，」我繼續說道，「她說這是你扮演的某個角色。我應該要告訴你的是——我想她會提到這一點是因為她來自其他國家——而你很清楚這我們的出身並非源自什麼特定國家，我的意思是，我們誤以為我們的國籍就是我們的身分認同，但其實我們看待自己，只需要

把自己當成人類就是了，不需要靠國籍去界定身分，因為我們每一個人都連通在一起。這是非常先進的思維，也非常療癒，而你對這一點有很清楚的領悟，這將是你未來要努力分享的靈訊之一。」

到了這個時候，我終於知道我在解析的這名男子承載了某種靈魂任務——就算在他離世許久之後，他的舉動一定會引起迴響，為這個世界帶來療癒與愛。

————

在那場解析結束許久之後，我才知道甘恩就是甘尼斯・林格，康乃狄克州心理系的榮譽教授，也是瀕死經驗（NDE, near-death experience）領域的重量級學者之一。瀕死經驗是曾在生死關頭走過一遭的人所提出的某種神秘或超驗體驗，在過去數十年當中，甘尼斯逐步奠基，讓自己成為死後世界的深思型發言人。他的美好作品《穿透生死迷思》探索了好幾個瀕死經驗的精采故事，而其所傳達的靈訊就是我們不需要害怕死亡。「我們將會遇到的情景，美好的程度遠遠超過筆墨所能形容的範圍，」他寫道，「因為，真相就是，我們連通到另一個世界。」

在為甘尼斯・林格做解析的過程當中、所湧現的靈訊就是——不知是什麼原因，他幫助了非常多的人——後來，我知道了有關瀕死經驗的種種之後，也證實了這一點。研究顯

示全球高達數百萬人都有過瀕死經驗，它遍布在各個國家、不同的年齡層與宗教，有基督教、印度教，以及回教的信徒，從老到少、從建築工人到大企業執行長、從對神秘事件虔敬無比的信徒到極端懷疑論者都一樣。

這是靈界向我現示的甘恩‧林格——他的作為為數百萬人帶來了愛、療癒，以及領悟，他改變了人類認知自我的方式，他為世界帶來了真實又充滿意義的改變。

簡而言之，甘恩是「光之職工」。

我利用「光之職工」這個語詞，描述那些在人間幫助教導與療癒他人的人，他們幫助別人發覺自我天賦、成為最好的自己，然後，他們反而也能運用自身的光幫助別人。我為甘恩所做的那場解析，對我來說相當重要，因為它讓我看到了「光之職工」的能力——我們每一個人都擁有的力量——為這個世界帶來療癒與領悟。

————

雖然甘恩研究的是死後世界的科學領域，但是他卻沒有興趣接觸靈媒。不過，後來有個女同事向他分享自己的解析，而且還說那是會改變一生的經驗。很巧，過了幾天之後，又有另一個同事做了相同的事。在短短幾個禮拜之內，一共有四名同事分享了與靈媒會面的經驗，大家都說非常感動。就在這個時候，甘恩打電話找我。

　　其實，他的確有見上靈媒一面的理由。甘恩十七歲的時候，父親過世，某個與父親息息相關的疑惑總是讓他陷入沉思。他大半輩子都覺得父親還是陪伴在他身邊，倒不是說他能夠靈視或是靈聽什麼的——純粹就是有這樣的直覺。他認為父親的存在儼然是他生命中的某股力量，不斷導引他。雖然已經天人永隔，但他卻經常感應到父親的愛。

　　在我為甘恩做解析的許久之前，他曾經在某部傳記裡有感而發：「我總覺得我父親的愛是我生命的根源真情，就連他被迫離開我之後也一樣存在。等到我死了之後，我盼望，也許能夠再次看到他張開雙臂、歡迎我回家的那一刻，那麼我就能證實自己的這種感覺。」

　　現在，在我們的解析過程之中，甘恩想要知道他的感受是否為真。

———

　　甘恩的好幾名家人在解析時同時顯靈，他們一直在搶話，迫不及待要讓我聽到。他的母親有顯靈，然後是他母親那邊的某位家人，名叫瑪麗，個性強硬又霸氣，甘恩說那是他的阿姨。然後，靈界捎來靈訊，提到某個名字是 D 開頭的人。

　　甘恩告訴我，他兒子是大衛（David）。

　　我繼續說道：「他們還告訴我有個凱瑟琳。」

這是甘恩女兒的名字，靈界還告訴我，他的孫子名叫麥克斯。

甘恩的父親也在，但他一直待在後方。

過了一會兒之後，甘恩詢問他父親的事，他爸爸直到這時候才走到前頭。

「我覺得他陽壽未盡，」我說道，「你們的共處時光也因而被迫縮短。我聽到對不起，他向你道歉，那是我接受到的靈訊，他這一點似乎是害你失望了，他離世，沒有足夠的時間享受父子之情。我感受到了胸部區域，胸腔有問題，連訣別的時間都沒有。」

甘恩告訴我，他父親死於心臟病，他當時不在現場。

「你爸爸說，『很抱歉』」我告訴他，「我覺得他要告訴你的是，他當初應該要更注意自己的健康才是。」

然後，甘恩問道：「妳看得到他嗎？」

「我覺得他不是很高，」我問道，「他是不是不到一百八十三公分？」甘恩證實的確如此。「深色的頭髮？」甘恩說對，「他是不是有段時間有蓄鬍？」甘恩又說對，「有關鬍鬚的某件事很好玩──他覺得自己那時候的造型很呆，他拿鬍鬚在自嘲。」甘恩爆出大笑。

「我覺得你父親想要在人間建立個什麼東西，」我說道，「我並不是指他想要建造房子，但的確是他自己的……然後被突然打斷，成了未完成的志業。他對此不是很開心。他離世的時候是這種反應：『喂，等等，你們在跟我開玩笑

吧？首先，靈界是真的？其次，我沒辦法完成那東西？』他
對此很惱怒。」

　　甘恩知道這段話的含意，他的父親是在創作時過世的藝
術家。

　　「你父親說他在靈界幫助你執行任務，」我說道，「他
找出方法在靈界組織一切，有助你完成在人世的使命。」

　　「所以現在我父親正在幫我？」

　　「不只是現在，他早從多年之前就開始幫助你，」我回
道，「因為他無法以肉身在人間出手，他必須在靈界幫忙。」

　　「我一直有感覺，」甘恩繼續問道，「妳可能沒辦法回
答這問題，但我很好奇。我想知道當我大限到來的時候，我
會見到我父親嗎？」

　　我聽到靈界的笑聲。

　　「哦，當然啊！」我回道，「你父親正在取笑你！他
說：『你在問一個自己早知答案的問題！』你父親在跟你開
玩笑，他自己笑得很開心，然後說道：『首先，會有一條隧
道與強光，然後，要是你願意的話，我可以第一個歡迎你，
然後你就會看到已在那裡的所有人。』你要相信自己的所有
摯愛都會來歡迎你，而你父親將會是隊伍中的第一人。」

────────

　　死後世界的真確性、我們已逝摯愛的永續存在、我們與

靈界相連的力量，以及我們之間光耀的璀璨──對甘恩來說，不只是某個研究的數據而已，而是靈界送給我們的恩賜。

在我們的解析過程中，他父親送了一個禮物給他。

「當我們死去的時候，還有許多可以期待，我們會得到愛。」甘恩在最近的某次談話中提到，「我們將會遇到的情景，美好的程度遠遠超過筆墨所能形容的範圍。」他寫道，「因為，真相就是，我們連通到另一個世界。」

不過，儘管他在這個領域深耕，做了這麼多研究，他也是到了最後才有所領悟。「我們都必須為自己解決死後世界的謎團。對我來說，我相信的確有美麗的死後世界，我們絕對不會孤單。」

| 25 | 校長

有時候，就連老師們也很怕走進校長室。

我在荷瑞克斯高中任教十六年之久，除了某個同事——也就是被我預告會有新車與新女友的那一位——還有我最要好的朋友，史蒂芬妮——她是我在荷瑞克斯高中的同事，我曾經向她偷偷坦白一切——根本沒有人知道我的靈媒能力。我努力保守秘密，確保我的人生雙軌不會重疊……直到有一天，果然發生了。

我的某個同事，名叫蘇珊，我超喜歡她的能量，下課之後，她朝我走來。

「我上週末去參加了一場性靈發展研討會，」她說道，「有人提到了蘿拉·琳恩·傑克遜這個名字。」

我的腹部突然一陣抽痛。蘇珊向我解釋，她聽了著名靈魂導師與靈療師派特·朗格的演講，其中提到了找我做解析的事。

「是妳嗎？」她詢問我，「妳就是那個蘿拉·琳恩·傑克遜？」

我點點頭，但我覺得內心開始有些恐慌。

「別擔心，」蘇珊對我露出甜笑，「我一定會幫妳保守秘密。」

過沒多久之後，我答應參加永續家庭基金會在長島某間大學舉辦的活動。這次活動是為了失去摯愛的那些人所舉辦。我很有自信，我服務的高中裡的所有人都不會知道這消息，但我大錯特錯。

「我得事先警告妳一下，」蘇珊寫電郵給我，「丹妮爾（蘇珊部門的另一位老師）買了那場活動的門票，而且她還揪團找其他老師，我們都會過去。」

當我把這件事告訴蓋瑞特的時候，他當機立斷。

「妳必須把這件事告訴校長。」

蓋瑞特沒錯。我必須知道我參與這項活動是否會危害我的教師生涯。要是校長不允許，那麼我就必須取消——要是這樣的話，我一定會很傷心。我知道我可以幫助一大群相當煎熬的人，甚至可能改變其中某些人的生活。但如果會因此丟飯碗，我就真的沒辦法了。

所以，我踏上漫長孤單的那條路，前往校長辦公室。

———

已經在荷瑞克斯中學當了七年校長的珍，一生都以教育為職志。她自小在長島長大，母親是愛爾蘭人，父親是希臘

人。一開始的時候，她是擔任特教老師，之後的四十年都在教育體系內服務。她在我們學校負責的學生人數超過一千三百名，這些孩子們的背景差異很大。除此之外，珍還想辦法在夜校教書，開課給想要成為行政職的那些老師。她是一位熱情洋溢又腳踏實地的教育家，擁有熱情付出的性格。我很喜歡她，也非常敬重她，在我們共處的這十一年當中，我們相處得非常融洽。

不過，當我走向她辦公室的時候，還是好緊張——就像是被叫進校長室的學生一樣。

我深呼吸，走進去，坐在她辦公桌位置對面的那張椅子裡面。

「有件事我必須要告訴妳……」我開口，拚命想要止住顫抖的雙手。「我……我在校外還有一個大家都有所不知的人生。」

珍面露憂愁，我後來才知道她的第一個念頭是：蘿拉在賣淫？

「我不是那種過度虔誠的人，但我相信性靈，」我繼續說道，想要找出適當詞彙。「我有時候會在週末擔任這種性質的義工，下個月要參加某場活動，我想要確認一下妳與行政部門是否覺得妥當。而這種義工工作……我所從事的工作……需要我幫助大家了解他們的摯愛，已經過世的摯愛。」

珍一臉專注盯著我。

「所以，」她問道，「妳是……敏感體質？」

我點頭。

「妳是……那個？」

「對。」

「靈媒？」

「對，我是靈媒。」

珍依然緊盯著我，我很想扭動身軀或是別開目光，也只能盡量忍住，現在一切都曝了光。

然後，珍傾身向前，低聲問我：「蘿拉，妳有沒有在我的四周看到誰？」

就這樣，大門突然嘩一聲旋開，宛若靈界早就鋪陳了一切，以迅雷不及掩耳的速度出現。我根本沒打算要對珍進行解析——我不想。但是靈界的某人暴衝而來，那位人士只需要珍的問題就敞開了一切。那是珍的母親，在數十年前過世。

「我聽到了瑪格麗特在講話，」我說道，「妳媽媽告訴我，她名叫瑪格麗特。」

珍嘴巴張得好大。她起身，繞過書桌，關上了辦公室的門。然後又回座，身體前傾。

「對，」她說道，「她叫瑪格麗特。」

「妳母親管教妳十分嚴格，」我繼續說道，「她是嚴謹的天主教徒，對妳立下了一大堆規定，她知道有時候太苛刻，但她希望妳知道她所做的一切都是為了妳與妳的將來，

因為她十分愛妳。」

珍的雙眼盈滿淚水。

然後，我又聽到了另一個字詞。

「嗎啡。妳母親在講有關嗎啡的事，她說妳老是詢問醫生有關嗎啡的問題，還有應該要給她多少劑量，她說要謝謝妳這麼專注與關心，讓她的人生終站過得比較舒坦。」

此刻珍已經雙手搗臉。我繼續說下去，之後是有關珍的兒子與他在電影圈的工作，還有珍的女兒，我看到靈界有個小寶寶正準備要去找她的女兒。靈界充滿了要給珍的靈訊，課堂鐘響，我才赫然發覺已經過去了四十分鐘。

珍起身，繞過書桌擁抱我。

她說道：「妳的天賦很美好。」

我們決定之後再說。第六節課結束的時候，我看到珍在我的教室外頭等我。

她問我：「第九堂課下課之後，可以過來找我一下嗎？」

我覺得自己的腹部彷彿被人打了一拳。我擔心珍打電話給這個學區的督學，而他禁止我參加那場活動。我很焦慮，心煩意亂，但還是想辦法熬過了我最後三堂課。我進入珍辦公室的時候，就與先前一樣害怕。

珍的助理一看到我，立刻變得面紅耳赤，而另一位秘書也臉紅，避開目光。我知道珍一定是把我的事都告訴他們了。突然之間，我變得與眾不同，他們不知道該如何在我面前自處。

　　然後，珍示意請我進去，她一臉肅穆。

　　她說話語氣很溫柔，「我有事要問妳。」

　　我已經準備要聽到壞消息了。

　　「是關於我丈夫的事。」

　　我又感覺到大門嘩一聲打開，我坐在珍對面，全部講出來。

　　「他在這裡，」我回道，「妳丈夫在這裡，他在好幾年前過世。」

　　珍告訴我，「是五年前。」

　　「你們結婚很久了。」

　　「三十五年。」

　　「妳丈夫在這，他希望妳知道……他很喜歡妳把家裡整理成現在的模樣。」

　　珍微笑，但隨即又淚流滿面。

　　「不過他在講鳥兒的事，」我繼續說道，「餵食器。他說妳沒有把裡面的飼料裝滿，這樣不對，他希望妳要補滿，想要看到鳥兒回來。」

　　珍抹去眼淚。這只不過是某個枝微末節，但對她而言是親密隱私，兩人曾經共享過、專屬於他們兩人的過往。對她先生來說，鳥兒餵食器一直很重要──而且，沒錯，她有時候沒裝滿，這一點確實無誤。

　　她丈夫在我們身邊待了許久，還提供了兩人生活的好幾個細節，都是要為了證明他在那裡。過了一會兒之後，珍打

斷我。

「蘿拉，」她開口說道，「可以幫我詢問他一件事嗎？我想要知道……他對我現在的先生有什麼想法？」

我後來才知道，珍一直因為自己再婚而充滿了縈繞不去的罪惡感。她個性非常堅強、熱情奉獻，而且她的生活方式充滿了自尊與偉大的目標，但她畢竟也是人，她的力量沒辦法驅趕再婚的罪惡感，這等於是背叛了她的第一任丈夫與三十五年的共同回憶。她還是會為他過世感到哀傷，而她的罪惡感成了自己認為必須承受的負擔。

「他對我先生有什麼想法？」她又問了一次，語氣近乎是在懇求。

顯靈的答案非常清楚又堅決。

「珍，」我說道，「當初想辦法撮合妳的新老公與妳的人是他。」

珍嚇得愣住了，她的第一任丈夫態度堅定，所以我只好繼續說下去。

「他說妳現在的先生有點傻乎乎的，他很喜歡這一點，他喜歡這人的個性。不過，他說……」

我猶豫不定，我聽到的那句話讓我嚇了一大跳。

「他說他自己的屁股比較翹。」

珍哈哈大笑。

「他說他一心只希望妳幸福，所以他才會為你們牽線。他希望妳過得快樂，這一點始終沒有改變，永遠不變。珍，

就算是妳放下他的那一天也一樣，自那一刻開始，當然更不可能改變。」

───────

　　我萬萬沒想到自己與校長會有這樣的一段對話。第二天，珍又把我拉到一旁，問了我一個好直接的問題。

　　「妳的世界觀是什麼？」

　　我不假思索就說出答案。

　　「我把這世界當成了教室，」我說道，「我們大家被派到這裡，是為了學習，彼此幫助。而真正的世界是性靈的世界，那是一個充滿光亮與愛的世界。」

　　珍同意我可以繼續當老師與靈媒。我們擬定協議，萬一學生發現的話，我該怎麼告訴他們，但要是沒有狀況的話，我就是繼續執教。那個禮拜珍找時間打電話給學區督學，解釋了我的狀況。她的推薦發揮了部分作用，學區同意了，我可以保住工作，那位督學的助理甚至還開口請我幫她做解析。

　　督學對珍這麼說：「我個人是不信那種東西。」

　　「我以前也不信，」珍回她，「但現在完全改觀。」

───────

　　有整整十六年的時間，我一直活在恐懼之中，深怕自己的秘密會曝光，都是因為我告訴自己，大家不會接受真正的我。也不知道為什麼，我覺得要是自己的秘密曝光，我一定會被大家排擠、嘲笑、被上司炒魷魚，不然就是三者都有。我萬萬沒想到周邊的人可能會支持我，所以我就一直任由恐懼主宰我的決定。

　　恐懼造成的不良後果有多麼嚴重！礙手礙腳又浪費氣力！我甚至打算要放棄我的靈媒工作。而到了最後，珍超級支持我。她不只是接受我的天賦，而且還相信我，而那些恐懼害怕擔憂足足桎梏了我十六年之久，明明沒這個必要。

　　珍後來告訴我，我幫她做的那次解析，也對她造成了莫大的影響。先前，她並沒有花什麼時間思考死後世界，她覺得自己是相信性靈的人，但她也非常實際。她一直努力當個誠實可愛的好人，但對於自己終有大限也是坦然接受。要是此生結束之後還有些什麼，很好，但她不抱期望，她不覺得與自己有關聯，她只希望能夠盡量過好自己當下的人間生活。

　　不過，歷經了這一次的解析之後，珍的世界觀也就此大逆轉。

　　「我以前認為死就是死了，」她這麼告訴我，「不過，現在的我對於死後的真正美好之事，抱持開放態度。所以我的生命轉為某種從容狀態，重點是體驗我們大家與此一光與愛的世界的連結，還有，努力活在當下。」

| 26 |　碰觸繩索

　　在二○一三年的時候，芙蘭與鮑伯・金斯伯格夫婦邀請我參加永續家庭基金會的年度週末靜修會。這場活動的名稱是「轉換悲傷：兩個世界之間的連通與療癒」，地點是康乃狄克州契斯特的某間旅館與會議中心。地點很漂亮，數英畝的豐潤林地，還有一個可俯瞰美麗池塘的綠蔭平台區。芙蘭告訴我，這次活動的計畫是為了「面對喪親與哀痛的各種挑戰，以及專注研究與已逝摯愛溝通的方式、維持我們與他們之間的關係」。

　　我才剛抵達登記入住，手機就響了。我接電話，只聽到一片靜默，所以我掛了電話。過了幾分鐘之後，手機再次響起，電話的另一頭依然沒有人。

　　那一夜，我一共接到了六、七通的不明電話。到了約莫是第四通的時候，我開始覺得一定是出了怪事。斷線一次，或者兩次，沒什麼大不了，但有六、七次之多？

　　是不是有人在對我惡作劇？詭異的是，來電者的位置並沒有顯示電話號碼，就純粹只有鈴響而已。

　　過了一會兒之後，我才發現這些來電的用意：靈界的某人想要進行溝通。

　　鬼來電是靈界想要傳達我們訊息的方式之一。手機散發電磁波，是「靈界」能夠操控的某種能量。而且，我參加一場邀請靈界與會的活動，收到鬼來電也是合情合理。在這些靜修會的場合，我會看到將痛苦緊纏在心中的人，已經到了幾乎無法呼吸的地步；會感受到重量宛若一大坨鉛塊的悲傷；不過，我也會看到有人剛好在我面前找到了希望與意義；看到有人前一秒流下盛怒之淚、隨後卻出現純粹之愛的淚滴；我看到有人純粹釋放了自己的哀愁，宛若小孩放走了氣球一樣。而且，我也聽到了靈界告訴我們有關失去與哀傷之種種。這些鬼來電，我很確定，裡面一定有等待我學習的功課。

　　靜修會的第一個夜晚，鮑伯與芙蘭歡迎所有的與會者。我注意到有對夫婦坐在那裡動也不動，封閉自我，目光低垂望著地板，臉色凝重如石，我感受到他們悲傷的沉重。他們的痛苦顯而易見。我向靈界默默祈禱：請讓我成為能夠幫助他們的載體，希望他們失喪的那個人會找上我。

　　那天晚上，我們大家聚在外頭的營火旁邊，芙蘭問我要是有某人在靈界的摯愛想要顯靈，我是否已經進入「開啟」狀態？我回道：「當然。」等到大家坐定在營火旁之後，我們唱歌提振能量。歌聲歇止之後，一股靜默的哀愁又回來了，我感應到那股牽引之力，解析的時候到了。

　　我等待指引，引領我走向某人——我正在感受那股能量套索。突然之間，我感覺到一股強烈的拉力、將我帶向那對我先前注意到的悲傷夫婦，我朝營火的另外一頭走過去，那股拉力變得更強烈。想要與他們溝通的那個人非常堅持。我站在他們面前，讓訪客顯靈。

　　我開口說道：「你們失去了一個兒子。」

————

　　佛列德與蘇珊結褵二十年，生了三個小孩，史考特、泰勒，以及鮑比。他們在安大略省雷灣的生活，對許多人來說一定相當熟悉——曲棍球練習、棒球賽、學校活動，還有回家作業的一連串忙亂行程。這三個男孩都非常聰明，運動細胞發達，但老大史考特是最外向的一個，天生型領袖，是那種會在班上突然唱歌，而在你還沒來得及搞清楚狀況，其他學生早就也跟著一起唱和，而且，也不知道為什麼，這一點反而更讓老師們更加寵愛他。

　　史考特在念中學的時候，被選為學生會會長，還是高二舞會國王。他是好幾種運動項目的高手，也拿到了深潛執照，最後得到了著名加拿大紀念整脊學院的入學許可。

　　在他第一學期快要結束的時候，他趁空回家苦讀準備考試。「每天他都坐在餐桌前，打開書本埋首苦讀，」蘇珊說道，「他沒有出去，一直念書，除了那個星期五晚上之外。」

　　那個週五夜，史考特與他的朋友伊森去參加派對，結束之後睡在伊森家裡。第二天，大約早上十點的時候，蘇珊與佛列德正準備要外出購物——打算準備一頓豐盛的復活節大餐——蘇珊接到伊森哥哥的來電。

　　「史考特昨晚從樓梯上摔了下來，」他繼續說道，「現在意識不清，所以我們叫了救護車，目前正在前往醫院的途中。」

　　她與史考特立刻開車前往醫院，衝入急診室。有個醫生告訴他們現在還不能探視史考特，他腦部受創，但沒有人知道有多麼嚴重。

　　「我們馬上要為他做全身麻醉，」醫生說道，「然後我們要找神經外科醫生。」

　　蘇珊心想，神經外科醫生？他不是從樓梯上摔下來嗎？她聽到醫生呼叫神經外科醫生，現在她整個人因為恐懼而僵住不動。

　　他們與伊森、伊森的哥哥在某間私人等候室等待，蘇珊與佛列德不斷在裡面來回踱步，經過宛若無止境的等待之後，醫生終於出來見他們。

　　「她立刻走到佛列德面前，直接跟他說話，」蘇珊說道，「她根本不看我，就在那一瞬間，我知道狀況不妙了。」

　　史考特的腦部出現嚴重水腫，目前麻醉未退，神經外科醫生想要插入導管減輕腦壓，但水腫實在太嚴重了。然後，醫生們想要為史考特增強血壓、強迫身體重新散流血液，他

的心跳被拉升到每分鐘兩百五十下的異常速率，但也沒有辦
法改善水腫。

醫生們現在只剩下一個方法，鑽開史考特的頭蓋骨，減
輕腦內壓力。協助手術的其中一名醫生是他們的朋友，手術
結束之後，他在等候室找到了佛列德與蘇珊。

「鑽入之後，發現他腦部水腫實在太嚴重，」這名外科
醫生說道，「我們束手無策。」

史考特沒有死，但是也無法自主呼吸，而且腦壓已經造
成他的腦部嚴重受損。

「如果他是我兒子的話，」那位醫生說道，「我會放
手，以後他再也不會是原來的史考特了。」

就這樣。不只是突然之間，而且更令人無法想像，怎麼
可能會這樣？蘇珊與佛列德震驚不已，打電話叫泰勒與鮑比
到醫院，一起見這名外科醫生，他們知道接下來會發生什麼
事，不過，他們希望可以一起面對。

醫生說道：「現實狀況就是，史考特已經不在我們身邊
了。」

這一家人得決定是否要摘除史考特的維生系統。史考特
在那年稍早的時候拿到駕照，滿腔熱血同意器官捐贈。醫生
們解釋，由於史考特相當年輕，又十分健康，所以有機會能
夠將他的某些器官捐贈出去，不過，他們必須要馬上做出決
定。蘇珊問道：「你怎麼知道史考特不會好轉？你怎麼能這
麼篤定？」

　　醫生拿出他們所使用的評估量表，逐一細述：無法自主呼吸、腦幹嚴重受損、對於疼痛無反應、沒有反射動作。毋庸置疑：史考特已經走了。

　　他們全家人花了一些時間消化剛才聽到的字句。他們心中已經知道該怎麼做，然而這卻是無比艱難的決定。

　　他們告訴醫生，摘除史考特的維生系統。

　　二〇一二年四月四日星期三，一群醫生把史考特推向手術室，準備摘除器官。他們全家人跟著醫護走了一段路，但到了手術室門口就不能再進去了。醫生們到了手術室入口的時候，從輪床旁邊退開，史考特的父母與兄弟，一個接著一個，把手放在史考特的身上，向他訣別。

　　「吾兒，再見。」他的父親哭得潰不成聲。

　　「再見，史考特，」他母親說道，「我們永遠愛你。」

　　醫生把輪床推入手術室，大門關上，留下史考特的家人站在原地。

　　過了幾個小時之後，好幾架直升機降落醫院，準備載走史考特的器官。他的肺、肝、胰臟、腎臟要送往不同的地方，讓不同的病患接受移植。最後摘除的器官是史考特的心臟，最後一架直升機飛入空中，也帶走了他的心臟。

　　他們回到家裡，餐桌上依然還擺放著史考特攤開的醫學系課本。

———

　　在那場靜修會之中，我為佛列德與蘇珊進行解析長達四十分鐘之久。顯靈的這位年輕人很活潑，意志堅定，而且講了許多話。他給了我一個Ｓ，代表他的名字，然後還告訴我，他很快就離開了世間。他說，那是意外，而他自己必須負擔一些責任。然後，他提供了一連串的證明資訊，彷彿他知道自己必須說服雙親，他的確在這裡。

　　「他對我現示了某個綠色的東西，」我告訴他們，「綠色的道具服，他說要跟媽媽講，因為他媽媽一定會大笑。」

　　蘇珊一開始十分震驚，然後，她果然哈哈大笑。「史考特在萬聖節的時候，從頭到腳打扮成綠巨人浩克，」蘇珊後來對我解釋，「我大笑是因為那根本就是史考特的風格，會講出那種事逗我開心。」

　　接下來，史考特請我提到的主題是他母親佩戴的耳環。我詢問蘇珊，當天是否為了要戴哪一副耳環而猶豫不定？

　　「史考特說他喜歡妳今天戴的耳環，而且他說他在妳考慮的時候，一直鼓勵妳挑選這一副耳環，而不是另外一副。」蘇珊也證實她原本已經戴上耳環，但是在最後一分鐘又改變心意，換上了她現在這副耳環，史考特以這種方法向他母親現示他一整天都陪在她身旁。

　　然後，我又轉向佛列德。「好，接下來有點尷尬，但我不管收到什麼靈訊，都得要傳達出去，」我對他說，「史考特說他喜歡你的新內褲。他說，終於換新款了，不再是緊身白內褲。」

　　現在輪到佛列德驚愕不已,「史考特老愛嘲笑我的騎師風格內褲,」佛列德後來向我解釋,「然後,幾天之前,我買了比較像是拳擊手短褲的新內褲,這件事根本沒有人知道。」

　　我繼續說道:「他還叫我要笑一下你的鞋子,不過,他笑你的原因是,你現在鞋子的數目就算撐十年也不成問題。」蘇珊與佛列德互看彼此,哈哈大笑。「沒錯,」佛列德說道,「這是我超級鍾愛的鞋款,對——我的確買了。之前進行特賣,我心想:『多買一點有何不好?』所以我就網購了一堆。」

　　史考特對我現示了某座花園,我的心中頓時盈滿了愛。

　　「史考特展示了一座花園,與他、還有兩位連通在一起,」我說道,「他說你們坐在那裡,還說他也坐在你們身邊。超美,你們花時間待在那裡,與他連通,是很美好的事,那是一個彼此連通的靜謐地點。」

　　「我們為了紀念他,弄了一座花園,」蘇珊說道,「我們把它叫作『史考特花園』,它對我們意義非凡。」

　　「你們不需要我,也可以看見與聽見史考特,感受到他的存在,」我告訴他們,「你們已經開始這麼做了,當你們與他一起待在他的花園的時候,就是如此,而當你們去買內褲、挑選耳環的時候,亦是如此。他永遠和你們在一起,依然是你們家中的一分子。」

────────

　　蘇珊與佛列德一直深陷在悲傷之中，他們剛抵達的時候，我很擔心他們找不到傾瀉的出口。不過，最後是由史考特處理了一切。他顯靈的時候，非常風趣，讓我們所有人哈哈大笑，微笑不止！他顯靈的模樣，就是他家人所深愛的那個史考特。

　　不過，史考特分享的最重要的關鍵是他的興奮之情。

　　「他說，自己開心極了，因為你們以他的名字所做出的善舉，讓他依然能夠讓世間有所改變，」我告訴他們，「他雖然已經在靈界，但依然可以對人世發揮影響力，他對此深表感謝，而且又驚又喜。你們大家團結努力──包括了兩位，還有靈界的史考特，成為幫助別人的光之團隊。」

　　當時我不知道史考特說的是什麼，但後來我知道在他過世後的那一年，他父母安排了一場以史考特之名進行慈善募款的年度紀念晚宴，日期安排在最接近他生日的十一月週六。第一次的晚宴，舉辦地點是雷灣的某間甚受歡迎的餐廳，籌得三萬六千美元的善款，幫助西非的飢童。自此之後，他們為某個名為「敘利亞孩童」的團體募得了數萬美元，為馬利的飢童募得了五萬多美元。

　　「我們把它稱之為『史考特晚餐』，」蘇珊告訴我，「史考特真的好愛小孩，也樂於幫助孩童，一直有年輕人來告訴我，史考特讓他們的生活變得很不一樣。」

　　史考特得讓他的父母知道，他們以他為名的善舉，讓他萬分感激。

　　在我們結束之前，他還有一個要告知他們的靈訊。

　　「你們來到這場悲傷靜修會，他很感謝，」我說道，「他說他一直很想要讓你們來到這裡，而你們差點就不來了。但最後你們還是決定動身，讓他非常開心，他不希望讓你們兩人獨自面對悲傷。」

―――――

　　我很樂意參與悲傷靜修會的原因之一，就是我剛來的時候會看到大家有多麼愁煩，但是離開時卻可以看到他們靠著與他人分享自身悲傷，因而放下了重擔。透過分享，我們就能夠有所認知，身為性靈生物，我們彼此相通。

　　悲傷對我們造成極大的痛苦，但靈界教導我們的是，這種痛苦與愛的缺乏無關――反而是因為愛的存續。讓我們與某人在人間互相連通的愛之美麗繩索，會繼續延展到死後世界。當我們感覺到失去摯愛無法承受之痛時，就宛若我們在拉那條繩索一樣。這種痛苦是真的，因為的確有這樣的繩索。我們的愛沒有終點――依然會持續下去。

―――――

　　最後，為佛列德與蘇珊所做的解析，再次對我現示我們失去摯愛之後、在人間的舉動至為重要。

　　彰顯過世者最有效果的方式，就是以其之名散布光與愛。那樣的舉動不只能把對方留存在我們的生活之中，也能夠讓我們在靈界的摯愛，依然能夠對我們的世界發揮正面影響。

　　這真的很重要！要是我們為了紀念某人而跑，此人將會全程與我們隨行，要是我們舉辦慈善晚宴，此人也會出現在我們的餐桌之間。我們在靈界的摯愛永遠知道我們的一舉一動，當他們看到我們以他們之名散播光的時候，對他們來說別具意義。靈界希望我們過著開放、生氣勃勃的生活，要盡可能過得飽滿又燦爛，他們會一直陪伴在我們身邊。

　　當我們把悲劇轉為希望的時候，我們在靈界的摯愛不僅看在眼裡，而且還會為此歡慶。

————

　　蘇珊與佛列德的通靈解析結束之後的那天晚上，我的手機接到更多通鬼來電。

　　但這一次我知道是誰在鬧我。第二天吃早餐的時候，我找到了佛列德與蘇珊，將鬼來電的事告訴他們。「我覺得那是史考特打的電話，」我說道，「我感應到他有話想要請我轉達，他依然在你們身邊，對你們講話。你們不需要我，也

可以感受到那種連結。我覺得他是在尋開心，想要炫耀他自己的能耐。」

我後來才知道，那些不知道從哪冒出的來電，其實並不只是史考特想要讓自己與父母溝通的管道保持暢通而已，原來史考特偏好以透過電子儀器的方式表達自我。「史考特小時候對電子用品很著迷，」她說道，「所以他現在還有這習慣，我一點也不意外。」

就連蘇珊自己也有詭異的手機體驗，「我們有次南下佛羅里達，我看到自己的手機裡有留言，」她說道，「我回播，但卻是空訊，我說：『史考特，如果是你的話，最好不要只留個空訊而已。』」後來，蘇珊發現那天的手機有九十五通的空訊。

接下來，佛列德與蘇珊會繼續舉辦「史考特晚餐」，而且會找尋新的方法彰顯他們與兒子之間持續不斷的連結。

「我們覺得以史考特之名行善，讓他的光在世間繼續存活下去，是我們的任務，」蘇珊說道，「這是她可以對大眾發揮正面影響的方法，依然可以讓這個世界變得不一樣。」

「這並不表示我們會停止對他的日日思念，」佛列德說道，「也不表示能夠拋卻悲痛。但知道史考特總是在我們身旁、依然是我們團隊的一分子，就能讓日子稍微好過一點。」

| 27 |　鳳凰

　　在我認識史考特父母的同一場悲傷靜修會當中，我也做了一連串的團體解析，一次與會人數約十到十二名。在靜修會的最後一天，我準備開始要進行第四場、也是最後一場的活動的時候，我感應到能量套索把我帶向坐在一起的某對男女。我一靠過去，立刻浮現某幅畫面——陰沉不安的影像。然後，越來越多，每一個畫面都恐怖駭人。我看到撞擊與破壞的畫面，還看到了火焰與煙塵。

　　「有人為你顯靈，」我告訴那名男子，「她說，她死於某場車禍。」

　　那男人抬頭望著我，眼眶裡滿是淚水。

————

　　一九六六年的某個夜晚，法蘭克‧麥克戈納爾與妻子夏綠蒂，坐進他的凱旋TR4跑車，從麻州波士頓開到斯旺西，一段南行一小時的路程。他們才剛參加完法蘭克叔叔的

守靈，急著趕回家照顧四個年幼的小孩。他們在某條安靜的快速道路前進，離家只剩下幾英里，法蘭克到了某個十字路口，燈號由黃轉紅，他停了下來。

就在下一秒鐘，他們後頭的車子發出轟響，撞到了TR4的車尾。撞擊力道十分猛烈，車子被推向十字路口，最後撞上護欄，空氣中瀰漫汽油的氣味。另外一輛車的三名青少年立刻跳下來衝向那輛凱旋，他們透過碎爛的駕駛座車窗要把法蘭克拉出來，就在這時候，油箱爆炸。

烈焰吞噬了車身，法蘭克也一樣，全身著火。他落地翻滾，當時的他身穿厚外套，身體的大半部分都保住了，但他頭部外露，臉龐、耳朵、頭皮，還有脖子都慘遭三級灼傷。法蘭克不記得自己被拖出來或是在公路上翻滾的情節，其實，他連那場車禍幾乎都完全不記得了。他記得的是自己在急診室醒來，某名醫生告訴他，妻子沒辦法撐下去。

夏綠蒂，那個讓他一見鍾情的捲髮德州美女——他一生的愛、他四個小孩的媽媽，他的一切——就這麼走了。夏綠蒂當時懷有七個月的身孕，就在一眨眼的瞬間，他們共同打造的生活消失無蹤。

———

為法蘭克解析的過程中，靈界完全沒有向我吐露他在車禍後的生活細節，但我看得出來一定很辛苦。其實，當法蘭

克在急診室清醒的那一刻,他等於是在某種地獄中醒來。

　　他全身注滿了嗎啡,脖子插有氣切管。「就是從那一刻開始,我覺得我應該要為她的死負起責任,」法蘭克告訴我,「我覺得我棄船而逃,我不能原諒自己這樣離開她。」

　　接下來的那三個月,法蘭克都住在醫院,嚴重燒傷差點讓他沒命,但他撐過來了。而還有比身體受損更可怕的事,就是他的罪惡感以及滿腔的不平,幾乎讓他無法繼續前行。當法蘭克還在住院的時候,有位神父前往探視,這位神父認識肇事司機,一個叫理查德的年輕人,他想要見法蘭克一面。

　　牧師說道:「他想要求你原諒他。」

　　「神父,要是你帶他進入這間病房,」法蘭克說道,「我會殺了他。」

　　親友們幫助法蘭克復健,幫助他撫養四個小孩。不過,在沒有夏綠蒂的狀況下要好好照顧全家人,幾乎是難以承受之重,法蘭克有時會出現自殺的念頭。意外發生的十八個月之後,他娶了當初在醫院照顧他的某名護士,不過這場婚姻打從一開始的時候就註定失敗。「我整個人一團糟,」法蘭克解釋,「完全沒有解決罪惡感、憤怒,以及悲傷的問題。」

　　十年過去了,然後是二十年、三十年,法蘭克依然在掙扎。

　　然後,他參加了佛雷德·魯斯金博士的某場演講,對象都是燒燙傷受害者。魯斯金暢談寬恕的力量,還有寬恕不僅

幫助了那些懇求原諒的人，也幫助了那些願意放下的人。魯斯金提出了一個說服力十足的案例，可以看出寬恕能夠改變悲劇的動能。「我必須見理查德，」法蘭克後來告訴我，「而且我得要原諒他。」

法蘭克後來才知道，理查德最後因疏忽危害他人而遭定罪，他支付了罰金，而且被吊銷執照一年。「有一天，我和某位認識理查德的鄰居講到這件事，」法蘭克說道，「他告訴我，自從那場車禍之後，理查德再也沒有開過車。」

那位鄰居安排他們在當地某間教堂的神父住所會面。先到的是法蘭克，他緊張得無法入座。

他從堂區神父住所窗戶向外眺望，看到一輛車停下來。副座下來了一個人，步履蹣跚，朝入口走來。法蘭克深呼吸，他聽到了腳步聲，看到神父住所的門緩緩開啟。

這兩個男人終於同處一室，相隔不過幾英尺。兩人許久不發一語，法蘭克拚命平抑激動翻攪的各種情緒。

到了最後，法蘭克開口。

「謝謝你過來，」他說道，「我知道要來到這裡必須鼓起莫大的勇氣。」

理查德抬頭，他眼眶紅了，全身發抖。

「抱歉，」他說道，「我真的十分抱歉。」

「好，」法蘭克說道，「我知道你不是故意的，但就是發生了，有時候我自己開車也會犯下疏失，反正我知道你不是故意的。」

他們兩人聊了半小時,法蘭克這才驚覺,理查德自我懲罰的嚴厲程度超過了其他人的想像。

最後,這兩個男人擦去淚水,握手,道別。理查德先離開,法蘭克望著他走向人行道,等待接車。終於,某輛車開過來,理查德上車,法蘭克發現在悲傷世界裡迷途的人不是只有他自己而已。

兩天後,法蘭克打電話給女兒瑪格麗特。他把自己與理查德見面,以及原諒他的過程告訴了她。當他娓娓道出一切的時候,腦中浮現了一個簡單的問題:

既然你都原諒他了,為什麼不原諒你自己?

————

自此之後,法蘭克的觀點產生了巨大改變。「我對於那起事件終於能夠比較客觀了,」他說道,「那就像是一種自我意識的了結。我自己變得比較像是觀察者,而不是參與者。一切的開端都是與理查德的那場面會,當我看著他離開的時候,我為他感到十分難過,一股深深的同情油然而生,我看得出來他的痛楚與傷痕有多麼嚴重,而且很可能一生都是如此。這與我在車禍發生後的感受是天壤之別,當時我很可能會殺了他,我開始領悟到寬恕的力量。」

法蘭克的罪惡感終於慢慢消解。等到他放下之後,終於體會到寬恕的療癒之力。

　　然而，釋放悲傷，則是另一件事了。他內心深處一直有個完全無法解答的問題：

　　夏綠蒂呢？前一分鐘還與他在一起，下一分鐘就消失了。她去了哪裡？她怎麼樣了？法蘭克認為他與夏綠蒂的關係在許久之前的那一日戛然而止，而他們之間的濃情密意就這麼消失無蹤。

　　法蘭克想起夏綠蒂的父母在車禍後到醫院探視他的情景。他當時好怕，夏綠蒂是他們的獨生女，聰明漂亮的陽光女神。不過，當夏綠蒂母親走入他病房的時候，她坐在法蘭克病床旁的椅子上頭，對他說道：「法蘭克，夏綠蒂還在你身邊。夏綠蒂曾經到臥室來找我，她想要讓你知道她很安好，沒有苦痛。她現在與你的寶寶在天堂，她很開心。她希望你要好好的，為四個小孩當堅強的父親，她希望你幸福快樂。」

　　雖然當時嗎啡讓他意識模糊，但當法蘭克聽到夏綠蒂母親所說的話時，他腦中只有一個念頭，他心想：她在胡說八道，因為悲傷過度而精神錯亂。

　　過了四十多年，他的想法才起了變化。

────────

　　在二〇〇六年，有個朋友鼓勵法蘭克參加某位靈媒主辦的研討會，對方覺得那可能對法蘭克的人生有幫助。法蘭克

甚是懷疑，但還是同意前往。在研討會的時候，他聽到有好幾個靈媒召喚出他過世親人的諸多細節，其中一個甚至還舉出了某個寫出CC的牌子——這是他亡妻姓名的首字母，夏綠蒂（Charlotte）娘家姓氏是卡爾萊爾（Carlisle）。光憑這一點，就已經讓法蘭克改變對靈界的看法，他現在相信應該有可能找出方法再次連通夏綠蒂。

在我為法蘭克解析的過程中，夏綠蒂顯靈的強度勝過了法蘭克先前的任何一次解析。她向我現示在之後的這些年之中，她看顧法蘭克，引導他認識現在的妻子艾琳，也就是在靜修會現場坐在他身邊的女子。「她想要謝謝艾琳為你所做的一切，」我告訴法蘭克，「她說你周邊有許多人，許多的導引者，你所愛的人，都在靈界看顧著你。」

對先生車禍之後的舉動，夏綠蒂表達的是一種深深的驕傲，看來似乎靈界有一組人正在讚頌法蘭克。

我說道：「他們告訴我，你在人世的表現，足以讓大家為你起立喝采。」

後來，我才知道法蘭克有三十年的時間都在幫助其他的燒燙傷受害者面對傷口，找尋回歸正常生活的方法。他與某個名為「燒燙傷倖存者鳳凰基金會」的全國支援組織一起合作，後來還成為該團體董事會的主席。「我真心相信，這就是我逃過死劫的一大主要原因——」法蘭克曾在某封機構電子報裡寫下這些話，「我活下來，是為了要幫助其他的燒燙傷倖存者與他們的家庭，這不是我的責任，而是我的榮

幸。」

　　現在，夏綠蒂顯靈，表達她對先生的成就有多麼引以為傲。這是如瀑布狂瀉的歡喜與愛意——盡顯出完全愛意。「夏綠蒂知道你拚命努力回饋世界，而且你並沒有因為那起事件而讓自己變得刻薄嚴厲，」我告訴他，「她想要謝謝你，你為了彰顯她的榮耀所做的一切。」

　　法蘭克的淚水泉湧而出。他相信夏綠蒂一路都看顧著他，而且也一直參與其中。他相信是她導引他認識了艾琳，而且他相信她看到他幫助了其他數百名的倖存者，她一切都記得清清楚楚。

　　「我所做的一切，都是為了要向夏綠蒂致敬，」法蘭克後來告訴我，「靠著這種方式，我就會覺得她不算真正離去。知道她以我為傲，對我的舉動感到開心，這感覺真的是無比療癒。」

　　不過，在這次解析過程顯靈的並非只有夏綠蒂。

　　「法蘭克，我看到一個還沒有出生的魂魄，」我告訴他，「他也是死於那場車禍。法蘭克，是你的兒子。」

　　法蘭克看著我，一臉不可置信。

　　「你兒子顯靈了，而且他希望我要幫忙道謝，他也非常高興看到你幫助別人，」我告訴他，「你的兒子，真的，真的十分以你為傲。」

　　發生車禍的時候，法蘭克與夏綠蒂還沒有決定未出生寶寶的名字。這些年來，只要當他一想到自己失去的那個孩

子，他就只能用「男娃娃」代稱。

　　如今，在這個悲傷靜修會當中，他的男娃娃已經再也不是小娃娃了——他是光與愛的美麗靈魂。他沒有辦法在世間與法蘭克相會，但現在他連通到了法蘭克，傳達出愛與驕傲。

　　法蘭克雙手掩面，嚎啕大哭。

————

　　數十年來，法蘭克在家中的某個衣櫃裡藏了好幾箱的 Super 8 錄影帶。都是老舊的家庭自拍片，滿布刮痕，搖搖晃晃，色彩褪淡的默片，裡面是法蘭克、夏綠蒂，還有他們的小孩。對法蘭克來說，它們會讓他想起被奪走的過往生活。在夏綠蒂死後，他根本無法忍受再看一次。不過，就在我們做完解析之後，法蘭克取出了那些盒子。

　　「影片總長約兩小時，」他後來告訴我，「包括了我們所有小孩的誕生一直到車禍之前的全紀錄。我把它轉為數位，全部剪接在一起。我想為我的孩子、為夏綠蒂做這件事。」

　　這部短片敘述的是一個美好幸福家庭的故事。夏綠蒂微笑，對著攝影機揮手，小朋友笨拙學步，摔倒，充滿了歡樂、笑聲與愛——豐富的愛。法蘭克把片子給了他的子女，所以他們對於夏綠蒂的回憶就與他的完全一致，法蘭克也希

望他的十一名孫子與孫女能夠看這部影片，所以他們能夠知道自己祖母以前是什麼模樣。法蘭克說道：「這是向夏綠蒂致敬的另一個方式。」

靜修會結束之後，我回到長島家中，對於法蘭克的故事思忖許久。對我來說，讓我感動至極的是，他居然能夠找到將生命中的晦暗轉為美麗燦光的力量與勇氣。我發現，法蘭克的故事，可以教導我們如何改變對悲傷意涵的切入角度。

在某些文化當中，有一種堅持要獨自一人苦熬悲劇的傳統──彷彿「不動任何聲色」是一種被奉為至上的特質。不過，悲傷研究顯示，在我們悲傷的時候、築起高牆阻擋別人，其實不利於療癒。

一開始的時候，法蘭克獨自承受哀痛煎熬。最後，燒燙傷倖存者支援團體吸引了他，他也從那時候才真正開始療傷。「男人被訓練成要當約翰‧韋恩，」法蘭克說道，「大家教導我們不能哭，也不能分享我們的苦痛。不過，當我與其他倖存者分享我的故事的時候，我看得出它的效果有多麼強大。」當他原諒了肇事者的時候，他也能夠轉而原諒自己，從此讓他有餘裕可以照顧他人。

宇宙本來就是要讓我們彼此扶持──我們不該獨自退縮在自己的痛苦與哀傷之中。對於連結彼此的生氣勃勃的光與愛之繩索，我們應該要予以彰顯。因為他人的愛是最強大的療癒力。我們為什麼要封閉自我？阻絕這股強大的力量？我們本該就是某個巨大、無窮無盡的愛之循環的一分子，透過

它，我們接受到其他人的愛，然後又把那種愛傳播給其他人。

分享自己的苦痛，給予愛，接受愛，就是我們療癒自己悲傷的方式。

————

現在，法蘭克每天早上醒來、進去淋浴間的時候，一定會滿心感恩。「我有一長串的傾訴名單，」他告訴我，「我每天都和夏綠蒂講話，而且央求她要繼續幫助我。我向我失去的所有摯愛講話，圍繞我身邊的所有靈魂與導師，我知道許多人對此都會抱持懷疑態度，但我對於宇宙的運作方式已經改變了信仰。」

就算遇到依然傷懷與想念夏綠蒂的日子，他也會安慰自己，他知道其實她並不算真正離去。「我深信夏綠蒂依然和我在一起，」他說道，「我相信我的男娃娃與我同在，我相信我所有的摯愛都在這裡，一直給我愛，我的理解是一切都與愛息息相關。當你愛某人的時候，一定會永遠愛著他們。」

| 28 | 盆栽

　　在我的解析過程當中，靈界助我找到我諸多苦思許久的
重要問題的解答。

　　我們為什麼會在這裡？為了學習，愛人與被愛，成為世
間正向改變的媒介。

　　我們死去的時候會如何？我們脫去肉身，但我們的意識
永存。

　　我們在世間的真正目標是什麼？在愛的環境中成長——
幫助他人也得到同樣的體驗。

　　靈界也幫助我釐清了某個依然讓許多思想家困惑不已的
問題：我們有自由意志可以左右自己的生活嗎？或者，我們
的未來早已被安排好了？靈界向我現示的是慷慨涵蓋了自由
意志（依個人審酌而行動的能力）以及先決論（相信所有的
事件與行動都已經事先決定）這兩者的某一種共存模組，這
是一種被我稱為「自由意志與命運關鍵點之對決」的美好單
純的模組。

　　早在我們出生之前，一批令人眼花撩亂的目的地已經預

設了我們的人生。這些是命運的關鍵點——由重要事件、決定性時刻、主要人物組構我們在世時光的某種連續體。我們可以把它們當成夜空裡的星星，散落在某張大畫布上的一群信標。

靈界向我現示的是，我們可以自我創造出由某個命運關鍵點移動到下一個的行動。我們是連接這些點的人。我們做出自己在點與點之間的移動決策，而在這種過程中，我們形塑與創造了自己人生的圖像。

我們每一個人來到世間，都具有獨特的天賦，也能夠付出獨特的貢獻。找到與彰顯真正的自我，將會一路幫助我們探索自己的命運關鍵點。

我們必須要學習辨識出自己的光，我們一定要永遠讓真我、天賦，以及光亮為我們引路。

沒有「正確」或「錯誤」的路徑——只有在不同路徑上所學到的不同功課。不過，當然有比較高階與比較低階的路經，而走高階路徑就能讓我們學習課題變得更容易。如果我們彰顯真我、我們獨特的天賦，以及自身的光，就能創造出一幅極為美麗的圖像，而且，如果我們持之以恆，就能步入自我的正道。

當我們在挑選該走哪一條路徑的時候，我們在靈界的摯愛會期盼我們能夠做出最佳抉擇——甚至有時候會使力幫助我們找到它。他們希望我們能夠成為最好的真我，得到快樂與圓滿。

　　不過，決定的定奪終究還是在我們自己身上，自由意志就是在這裡進場。有時候，我們會做出引領自己走向恐懼路徑、而非愛之路徑的抉擇，萬一發生這種狀況，我們會脫離正軌而惶然迷失。

　　但我們絕對不能忘記，我們每個人都有實踐引力、回到正道的內在能量。

————

　　有一次，我為某個名叫妮可的女子進行解析，我在執教的高中認識了她，有個非常強烈的形影顯靈，有緊急靈訊要給她的父親麥可。我試圖將那些靈訊傳達給妮可，但顯然靈界希望在麥可面前顯靈。我請妮可把這消息告知她父親，過了幾個月之後，麥可請我做解析。

　　我通常對於問事者一無所知，不過，在為麥可女兒做解析的時候，我已經知道了他的一些資料。我知道他有兩個已經長大成人的小孩，他住在洛杉磯，靠寫劇本工作。我也感應到靈界想要傳達什麼靈訊給他。不過，我還是需要靈界再次顯靈，才能弄懂一切。

　　我開始解析麥可的能量，我左邊的螢幕盈滿了亮橘色，「橘色與創造力和藝術有關，」我開始解釋，「你的能量凸顯出你是藝術家。你的導師們告訴我，你早在七歲就知道你是藝術家，你知道自己想要走這一行。」

「不過，我也看到大約是在十一歲的時候，這個念頭就此封閉。你這一生幾乎都不曾實踐自己的本質，一直為了擁抱自己的愛好、愛自己而不斷掙扎，你泰半時間都很困惑，想要徹底找出答案。」

「是的，」麥可輕聲回道，「都說中了。」

「我還看到你的童年過得很辛苦，」我繼續說道，「你的父親有一堆問題纏身，而且他深陷其中，一直走不出來。而你泰半的掙扎來自於尋索自己的聲音，以及擺脫你父親施加在你身上的種種，你父親在你童年時期是非常強悍的能量。」

麥可嘆氣回道：「對，沒錯。」

靈界的人拚命急著顯靈，所以我就讓他們現身了。

「我看到你靈界的父母，」我告訴麥可，「不過你父親又縮回去了，不敢往前，他站在你母親的後方，所以第一個講話的是你母親。」

麥可的母親開始產生源源不絕的愛，有時候，某人示愛的席捲之力會讓我激動不已，而此時此刻就是這樣的場景。

「麥可，」我說道，「你母親說：『我並沒有打算要離開你。』你必須要知道這一點，她說她絕對不會做出拋下你的抉擇。」

麥可後來向我解釋，他十九歲的時候，母親死於心臟手術。不過，因為她與父親的婚姻之路問題叢生，所以麥可認為母親就是純粹不想活了。結果，麥可大半生都覺得自己被

人拋棄。

在解析的過程中，麥可的母親很堅持。「她說她很抱歉，不能盡量保護你、逃離父親的控制，但她要你知道這一點，她絕對沒有選擇放手，她不想留下自己的小孩，交給你爸爸。」

就在這時候，麥可打斷解析，將他母親過世那天的狀況告訴了我。

他父親打電話給他，說他母親病了，但就如此而已。所以麥可開著他一九五七年份的雷鳥，從波士頓開車回去，總路程是四個小時。「我開車的時候，一道白色閃光進入車內，」麥可說道，「我知道是她，而且我感受到她放下了重擔，所以我也鬆了一口氣。她告訴我，她沒事，已經擺脫了不幸的婚姻，以及多年前中風而造成的殘跛肉身。她那種開心活潑的釋然感，陪我度過了剩下的漫長返家旅程，我心底知道她終於得到了平靜。」

當麥可母親在他車內顯靈的那一刻，他儀表板的時鐘就定住不動了，麥可說道：「那個鐘再也不曾恢復正常。」

麥可回家之後，發現父親涕淚縱橫，這是麥可第一次看到父親在哭。

「你媽媽死了。」

但麥可早就知道了。「嗯。」他沒有再說話，直接進入自己的房間。

麥可與父親馬利歐關係的特色，就是缺乏情愛、無法彼

此相通。一百八十八公分的身高，加上超過一百一十四公斤
的體重，馬利歐的體型充滿威儀，他堅信男人絕對不能流露
任何情感。

　　麥可知道自己無法與父親分享自己剛才在車內的體驗，
所以他根本懶得試了。其實，他從來沒有向任何人透露過這
件事。

　　那一刻所蘊含的意義——麥可與父親本來可以共享重要
情事，卻錯失了機會——讓我充滿了傷感。「麥可，你與妳
父親之間有一堵牆，」我說道，「你們家中的每一個人對其
他人而言都是一座孤島。你的人生幾乎都處於碎裂狀態——
在成為自己，以及成為父親要求的版本之間不斷被撕扯。」

　　靈界急著要在麥可面前顯靈的急迫性，得到了合理解
釋。他因為童年往事而傷得很重——與他父親有關的事。數
十年之後，他依然還在與這些問題辛苦夾纏。宛若宇宙在他
小時候偷走了什麼東西，現在想要歸還。

　　就在這個時候，麥可的父親終於顯靈。

　　他的態度很柔軟，一開始的時候，他的頭低低的，彷彿
想要道歉。

　　「一開始是你三歲的時候，」我告訴麥可，「是……是
不是你三歲的時候父親出手打你？他向我現示的是他打了
你，很慚愧，而且你當時還那麼幼小。」

　　「要是我做錯事，他就會在住家附近拚命追我，」麥可
說道，「我會跑回家，躲在衣櫥裡，他會把我找出來，揍我

一頓。」

　　「麥可，你父親低著頭，拖著腳步，喃喃向你說對不起，」我說道，「他們逼他正視自己當年的行為，他要向你道歉。他從你三歲的時候就開始揍你，看到這種場景我好難受。我得要告訴你，你並沒有犯錯，你只是個天真無助的小孩。你父親現在都很清楚。你一定要明白這一點，因為你依然深受其苦。」

　　「你就像是個被他壓在水裡的孩子，差點溺斃。終於你父親離開，你浮出水面，差點無法呼吸，時值今日，你依然在拚命大口吸氣。不過，你必須要知道，這不是你的錯，你父親應該要為這一切負起責任。」

　　然後，馬利歐讓我看到一個時間軸，在麥可九歲的時候標示出某一事件，十一歲也有。我不知道是什麼事，但我知道它們一定害他從此心神大亂。

　　「你挑選了一條並非真我的路徑，」我告訴他，「你反而走的是你父親強壓在你身上的那條路。現在你的父親──你父親在靈界嚎啕大哭。他說他對你所做的事不可原諒，他流下羞愧的淚水。他因為自己的行為而感到好羞愧好難過，而且非常抱歉。」

　　我不太明白麥可九歲或十一歲的時候出了什麼事，他父親沒有明說，現在的他因為懊悔而不能自已。

　　不過，麥可卻在此時開口。他帶我回到他在長島的童年，他有一堆好愛的絨毛玩具，黃色的小小長臂猿、小棕

熊,總數是八、九隻。「它們是我最好的朋友,」麥可說道,「長大之後,我們家就沒有擁抱親吻,但是有了這些玩具,我想要怎麼擁抱親吻它們都不成問題,我可以和它們相處在一起。所以我把它們放在我的床邊、排成一串,每天晚上都抱著它們入懷。」

九歲時的某一天,他放學回家,發現那些絨毛動物全都不見了。他瘋狂尋找,卻完全不見蹤影,原來是他父親把它們丟進垃圾桶。麥可說道:「我爸爸說只有娘娘腔才會玩絨毛動物,所以他把它們全扔了。」

兩年後,麥可十一歲,他在鄰居家外頭發現了一個大紙箱,他把它拖回家中的車庫。他切開盒口,把它攤平,原來是一幅巨大的畫布。他每天放學後就立刻衝回家畫畫,那是一張有山有樹有小溪的風景畫,是他的傑作。畫那幅畫的時候,讓他覺得自己生氣勃勃,他可以在畫中看到自己燦美靈光的映影,他也領悟出自己的獨特天分以及真正的自我。

某天下午,麥可放學回家,打開車庫的門,發現那幅畫已經不見了。他詢問母親出了什麼事。

「你爸爸把它給扔了。」

麥可不需要問為什麼,他已經知道了。爸爸一直碎碎唸,他已經聽夠了:只有娘娘腔才畫畫。

「直到現在,我依然記得拉起車庫大門、看不到自己畫作的那股驚駭,」麥可告訴我,「自此之後,我再也沒有畫畫,把我的藝術天分完全擱在一旁。」

　　麥可反而選擇了一條更務實的路徑，讓他當上了嬌生公司的銷售經理。那是一份很好的工作，不過，對麥可來說，那純粹就是——工作而已。當他年紀漸長，偶爾也想要重拾畫筆，但卻一直沒有真正放手追夢。而他也一度想要寫東西，但還是放棄，他再也無法相信自己了。

　　麥可創作的念頭——以及造就他本質的天賦與能力——就這麼沉睡了數十年之久。

————

　　不過，這個宇宙並不想看到我們被層層的苦痛與懷疑而埋葬了自己的夢想。麥可告訴我，幾年前，他歷經離婚之痛，參加了某個心理治療團體，有個朋友逼他一定要參加。上了幾個禮拜之後，心理治療師請團體裡的成員講出對彼此的看法，其他九個人全都覺得麥可是怪胎。

　　「我嚇了一跳，」他說道，「我不知道原來大家是這麼看待我。我還是不知道該怎麼表達情緒，所以老是瞧不起別人，如果不是揮手趕人就是語氣很差。那天晚上，我開車回家的時候，我心想，好，有一堆情感纖細的人說出同樣的話，我應該要好好正視這個問題。」

　　這可能是麥可第一次嚴肅省思人生。

　　自此之後，他的人生發生逆轉。以前他從來沒有女性朋友，但現在他卻能與女性為友，而且他發現在女性朋友面

前，可以利用以往不可能的方式表達自我。「我可以和她們聊一些我絕對沒辦法和男人講的話題，」他說道，「就在這個時候，大門為我敞開。」

麥克一直有股想要前往西岸加州的衝動，終於去了。他本想要待一陣子就好，沒想到最後卻改變計畫，留在那裡寫作。他開車經過薩索利托的某座橋，望向右側，頓時元氣大爆發。彷彿這地方對他發出召喚一樣。「我對我自己說道：『這裡一定有什麼在等我』……」麥可回憶過往，「我只需要放手去做就對了。」

麥可在一個名為提布頓的小鎮落腳，他在那裡開始寫小說與劇本。這是他長大成人之後，第一次重新投入藝術。差不多就是在這個時期，麥可找我做解析。

「你接下來的這些年，非常，非常重要，」我告訴他，「你將會有巨幅成長。你等待了這麼久，現在你的時刻終於到來，你的人生將會出現強大的療癒，你將會為自己重新定義什麼才是男人。」

麥可雖然已經鼓足勇氣，重新連結自己的藝術面向，但他還是不確定自己是否做對了。

「是，我又回頭當藝術家，」他告訴我，「但我還沒有那麼成功，所以就某方面而言，我爸爸說得沒錯。」

「不是這樣！」我說道，「重點不是你能賺一百萬美元，而是你接受了這種人生，成功的定義在於終於選擇了這條路。『重要的是我自己的聲音！我的感受！還有真正的

我！』這就是全面的勝利。」

　　就在這時候，靈界讓我看到了一棵盆栽的畫面，我當下就明白了象徵意義。盆栽是種植於盆內、限縮其生長的小樹，依照主人的構思被修剪、塑形、扭曲，這棵盆栽就是麥可。

　　「你自小發育不良，」我告訴他，「童年時代遭到裁切、扭曲，你嚴重受損，無法好好成長。你從來沒有完成自我實踐，一直不明白自己的能量，自始至終都不給自己機會成為那個渴望的自我。」

　　「我要你開始想像一個小盆栽的畫面，」我繼續說道，「然後，我要你開始想像，突然之間地面劇烈搖晃轟鳴，一棵巨樹倏忽拔地而起，這棵美麗巨樹直衝天際，高大之姿儼若紅杉！我還希望你明白這棵樹就是你！這是你在宇宙的安身之地，你再也不是盆栽了，你會一直長一直長，再也沒有任何力量能夠抑制你的發展！」

────────

　　我為麥可所做的解析長達九十分鐘。顯然，他依然在掙扎，學習，還在努力熬過自己的靈魂試煉。不過，最重要的是，他已經找到了面對那場試煉的勇氣。這是他長大成人之後，第一次找到彰顯自我本質以及那股引力的方法。

　　最棒的是，麥可的這趟旅程並不孤單，有人在自己的角

落幫他牽引。

「你爸爸說，他一直是個膽小的人，」我說道，「他對於自己的作為感到抱歉，但他甚至不知道該怎麼啟齒才好。他覺得自己完全永遠沒辦法彌補從你身上奪走的一切。不過他說他想要試試看，他想要在你的藝術之路出手相助，而他現在就在你身邊。」

等到解析結束之後，麥可坐在自己的沙發上頭，思索他父親的提議。他準備要讓父親幫助他了嗎？準備原諒父親了嗎？他發覺有一滴淚水潸然從臉頰滑落而下，然後，又一滴。接下來，就在那麼一瞬間，他大笑，然後又開始哭泣。他坐在沙發上又笑又哭了許久。情緒──各種情緒──宛若流水一樣從他體內冒出來。

「我幾乎是歇斯底里，」他後來告訴我，「重新檢視童年時光的這些時刻，真的讓我無法承受。聽到我父親對自己的作為道歉──聽到這個鐵漢說出對不起──讓我大吃一驚。我父親願意承認自己犯了錯，也讓療癒可能成真。」

我為麥可做了解析後的那幾天，感應到靈界想要再次顯靈，而且態度很強硬，那是麥可的父親，我一點也不意外。

麥可的父親有個請求，其實，那比較像是要求。他覺得在這場解析過程中他做的還不夠，無法讓兒子相信他的懺悔之意，他需要我的幫助。

這狀況對我來說非比尋常。通常不會有人這樣顯靈，要求我幫忙。不過，我對於麥可的解析過程依然記憶猶新，我

能夠感受到麥可父親的急切，所以我就遵從他的吩咐，乖乖
照辦。

　　過了幾天之後，麥可在自己的信箱裡收到兩個包裹，他
打開其中一個，發現裡面有隻絨毛動物——微笑的藍色狗
狗。另外一個則是一小疊畫紙與一盒色鉛筆。

　　他盯著包裹裡的這些物件，端詳許久，不知它們到底是
從哪裡冒出來的。然後，他發現某個包裹底層有這張字條，
上面寫的是：

親愛的麥可：

　　其實這是來自你父親的東西，我遵從他的指示寄出。他
說他很抱歉——你一直是個很棒的兒子，但是他被自己的問
題嚴重蒙蔽，根本沒辦法依照他理應作為的方式讚揚與支持
你。他不知道如何以適當的形式愛你，對於他從你身上奪走
的一切，他很抱歉，他向你傳達愛意，懇求你的原諒。他對
於你的一切成就都深感驕傲，你的父親獻上滿滿的愛。

　　麥可把那些東西放在他書桌旁的某張桌子上頭。自此之
後，那些物品就成了他伏案寫作時的靈感來源。美好的事即
將發生，他越來越接近——他可以感覺得到，我也是——而
且他感應到越來越多的鼓舞。

　　接下來，歷經了一生滄桑之後，他已經在自己最好、最
重要的路途之中，準備接受父親的幫助。

| 29 |　定量腦波圖

　　早在我外公過世的前幾天，我因為某股自己也無法解釋的衝動而跳出游泳池，自此之後，我就一直害怕自己是不是哪裡不對勁。一開始的時候，我擔心自己受到了詛咒。久而久之，我開始挑戰這個概念——我四處探索，研究與調查。我去找靈媒，她幫助我斷絕了那種恐懼。我去看精神科醫生，他說我並沒有發瘋或崩潰。我還參加了針對我特殊能力的兩場科學測試，而且我兩項都通過了，我逐步克服了自己的恐懼。

　　不過，我卻一直很想知道某個問題的答案：我的腦袋是不是和人不一樣？

　　而之後呢，很神奇，我遇見了一位能夠解答此一疑問的人。

　　二〇一三年十一月，在聖地牙哥的某場死後世界會議之中，我的朋友、也同樣是靈媒的珍妮‧馬耶向我介紹了傑夫‧塔倫特博士。

　　傑夫是有合格證照的心理學家，也取得腦神經反饋的專

科認證證書，腦神經反饋是一種測量與訓練腦波活動的測量工具。他在密蘇里大學教授神經科學、生物反饋，以及冥想，同時也在密蘇里的哥倫比亞開了一間諮詢與健康中心，他現在四處演講與自行開業。我才剛認識他，就十分喜愛他的能量。

　　當傑夫知道我是靈媒的時候，詢問我可否做腦部試驗，我答應了。我們安排好日期，他帶著他的儀器飛來紐約。二〇一四年三月的某個多雲早晨，我們在鮑伯與芙蘭・金斯伯格的長島住家見面。傑夫在他們家的客廳安裝好設備，然後坐在我對面，我們中間有桌子相隔，而助理們則負責做筆記。「我等一下會請妳進行各式各樣的活動，」傑夫說道，「放輕鬆，閉上雙眼，什麼都不要想。然後睜開雙眼的時候，也做一樣的事。接下來，我們會讓妳先進行通靈活動，最後再執行靈媒任務。」

　　在進行每一個步驟的時候，傑夫會記錄我腦部不同區域的電流活動。這些數據能夠讓他知道我腦部的哪些區域在何時運作，還有把我的腦袋與其他所謂的正常腦袋進行比對。此一流程被稱之為「定量腦波圖」（QEEG, quantitative electroencephalogram）測試——某種腦皮層（腦部外層組織）電流活動的統計分析。

　　他幫我戴上密合的藍色電極帽，萊卡材質的貼皮帽，表面密布了二十個電極錫片與帶狀連接器。傑夫解釋，這些電極片是根據國際10-20系統所做的點位配置。對我來說，那

就像是某種古典風格的泳帽，而且實在好緊，我覺得自己宛若在做拉皮手術一樣。他把帶狀連接器插入某個放大器，然後接入自己的筆電。

傑夫說道：「好，現在我希望妳就是放輕鬆，什麼都不要做。」其實他乾脆叫我在水底下憋氣十分鐘還比較簡單。當我靜靜坐在那裡的時候，可以感受到我的「通靈之門」正想要開啟，塞入字母、字詞、名字、影像，以及故事。我重重關上那道門，盯著桌上的水杯，努力保持專注。我在腦中吟唱——〈冷淡的蘇〉，也不知道為什麼，後來唱的是〈我的這道微光〉。最後，傑夫告訴我測驗的這一部分已經結束。感覺像是一小時之久，不過，其實只持續了三分鐘而已。

接下來，是一段隨性的對話。我必須再次阻擋靈界的介入。當我在閒聊天氣的時候，我感應到某人的祖父想要顯靈，還有某人的母親，以及某名我猜應該是十九世紀的某位語言學家或是科學家的男性身影，我猜他一定是盼望能夠連通傑夫。

終於，傑夫請我進行通靈活動。

「先不要當靈媒，」傑夫說道，「但現在就盡量展現妳的通靈力。」

那名性急的祖父依然想要現身，但我依然緊閉大門。我專心注意顯靈的各項靈訊，第一個相當清楚的靈訊想必與傑夫有關。

「你正忙著搬家，」我說道，「我看到了松樹與某個壁爐。壁爐有狀況，還有必須上亮光漆的木地板。此外，你也該去驗光配鏡了。」

傑夫說道：「我才剛配了一副。」

「度數不對，」我說道，「要重配一副。」

接下來出現越來越多關於傑夫的影像，「擁抱你的女兒，」我告訴他，「她接下的路會很艱辛。還有，告訴你母親，她沒有瘋，她前幾天與她自己的媽媽在淋浴間講話。」

接下來，給屋內其他人的靈訊也出現了。我面向拍照的那名女子講話，接下來她將會由某間公寓搬到某間獨棟房宅。

傑夫的另一名團隊成員必須要調整飲食。而另一個人買下一輛更安全的車，這是正確抉擇。過了一會兒之後，傑夫說通靈測試的這個部分已經結束。這次的感覺像是只講了五分鐘的話，但其實解析過程長達了二十五分鐘之久。

靈媒任務上場的時候到了，焦急的祖父終於能夠開口。

「傑夫，你祖父顯靈了，」我說道，「我聽到了某個J或是G的聲音。」

傑夫點點頭。

然後，我清楚聽到那個名字。「吉賽佩（Giuseppe），他說他名叫吉賽佩。」

傑夫面色詫異。「沒錯，」他繼續說道，「的確就是這名字。」

「他告訴我，他現在好多了，因為有妻子相伴。」然後，傑夫剛過世的祖母也跟著顯靈。「她向我現示的是她二十八歲的模樣，」我說道，「然後她說：『看看我，很辣對不對？』」

屋內每個人的其他親戚也帶著靈訊顯靈。這個靈媒時段持續了七分鐘，但對我來說根本不算什麼，在我渾然不覺的狀況下，傑夫得到了數據，定量腦波圖測試已經結束。

傑夫回到密蘇里，審視數據，打電話給我通知結果。

「嗯，」傑夫說道，「我第一個要問妳的是，有沒有發生過任何嚴重的腦部創傷？車禍或是腦震盪？」

沒有，我腦部從來沒有任何損傷。

「是這樣的，」傑夫繼續說下去，「我把妳的數據做了所謂的腦傷判別分析，而顯示的機率指數是百分之九十七點五，也就是說妳的腦波模式與腦部創傷者幾乎是百分百一致。蘿拉，妳腦袋某些部分的運作方式並不正常。」

原來如此，我的腦打從以前就不一樣。

傑夫繪製了我的腦部圖，讓他可以標示出不正常腦部活動的特定區域。某些太學術了，我根本不懂。比方說，傑夫告訴我，在我的扣帶迴中的腦波活動，距離正常的四赫茲有七個標準差，而根據傑夫的說法，這種數字異常的程度已經破表，絕對不是那種能讓我寫在履歷表裡面的項目。

不過，腦細胞定位所產生的其他觀察對我就意義非凡，而且也點明了我為什麼會成為現在的我。

　　傑夫給我看了一份我腦部不同區域的電波活動判讀結果。在進行通靈活動的時候，我腦部右後方，也就是頂葉與顳葉的交會處，出現了高度異常的活動（下方表格的第二條線）。它並非穩定的小波幅群組——這才是正常狀況，象徵了腦部活動——傑夫錄下的是一連串更巨大、時斷時續的波幅，通常只有熟睡或昏迷的人才會出現這種模式。

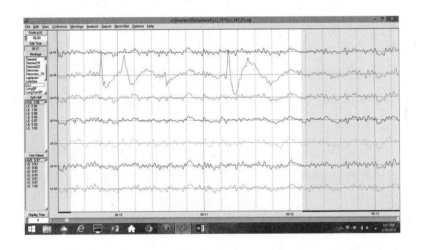

　　「腦波電流的測量標準是微伏，正常範圍是○到六十微伏，」傑夫解釋，「但妳某些區域的活動強度高達一百五十微伏！妳根本是爆表！」

　　要是哪位神經科學家看到了這樣的圖表，很可能會認定這名受試者有癲癇。所以，究竟是什麼原因造成了我腦內的這種異常活動？

　　傑夫向我解釋，顳葉與頂葉的交接地帶是與儲存新的記憶、處理感官輸入資訊、推衍意義、情緒調節相關的腦部部位。換言之，腦部這個部分與定義自我意識息息相關。比方說，當人們在冥想的時候——放鬆心情、誘發更平靜的意識層次的練習——基本上就是在減緩腦中自我指涉的活動，其實，等於是讓自我暫且休息一下。

　　但我並沒有在冥想，我是在講話。

　　傑夫很好奇我的顳葉與頂葉交接地帶的活動。他提到這個部位遭受損傷的人很容易變得更具靈性、更有寬恕與憐憫之心。他們經常停止自我指涉，關注的反而是其他人。這種創傷轉換了他們的意識狀態，而在那種狀態中，他們會有更強的同理心。

　　知道自己的腦波活動與那些特別具有同理心的人相符，我一點也不意外。我的作為就是將同理心拉到極致——關閉所有的自我指涉，運用腦力連通別人。

　　但我的腦袋是怎麼進入那種變異狀態？

　　「妳並不是睡著了，也不是失去意識或冥想，但妳腦袋的某一部分顯然是處於離線狀態，」傑夫說道，「這就像是妳在自覺狀態下淨空腦袋，以便讓其他人或其他訊息可以顯靈。當妳在通靈或是當靈媒的時候，妳腦袋的部分區域基本上並沒有在運作，現在也沒有什麼可能狀況可以解釋為何是如此。也不知道為什麼，妳的腦袋可以自行進入這種變異狀態。」

　　對我來說，這種解釋言之成理。當我在進行解析的時候，我的自我開始消融，連接到比自我更大的事物，超越自我個人角色的事物。測驗結果似乎顯示，這樣的通口，容許我腦內的某處存有這種空間。

　　而且這些定量腦波圖測試結果還指出，通靈能力發生在我腦內的某一側，而執行靈媒角色時卻是在另外一側。這兩個獨立的區塊與我在做解析時的螢幕兩側相符。至少這一點顯示我在通靈或當靈媒的時候、對於發生狀況的認知，並非只是自己虛構的某些詭異逼真情節而已──它的確在我腦中出現真實反應，我的腦中的確有無法自行控制或編造的事件在發生。

　　不過，我之所以成為現在這樣，定量腦波圖真能給出答案嗎？它能夠證明我的確收到來自靈界的訊息？

　　「能夠證明妳所說的話是來自於靈界的唯一方法，就是檢視妳所傳達的訊息，」傑夫說道，「它是否準確？是不是妳根本不可能會知道的事？有些事情必須要靠那些人自我定奪。」換言之，我的腦細胞定位只證明了我腦中出現異常狀況，但並沒有告訴我那種狀況到底叫作什麼。

────────

　　我還想要分享有關腦細胞定位的最後一點資訊。

　　傑夫的結論是，我的腦部面對解析過程中所接受到的訊

息流具有處理的能力。

　　他看不見我所見到的畫面——沒有人看得到——但他確定的是，我所見到的情景是由我的腦部進行處理。這套神秘機器就是，以我的狀況來說，人腦有某種系統，某種架構——功能完整的機制——當我在通靈或當靈媒的時候，能夠處理正在發生的視覺刺激，那套機制的確存在，千真萬確。

　　由於我的腦袋基本上就與大家的一樣——那並不是外星人的腦袋或是半機械人腦袋，而是標準的人腦——所以根據傑夫的推論，這可能是某種存在於每一個人腦中的機制。

　　「也許我們都有，」傑夫說道，「也許我們將來可以教導大眾要如何轉換到妳能夠進入的那種變異狀態。或者那是一種大家都可以自我培養的能力。關於腦部，還有許多我們尚未明瞭的部分。」

　　就我個人而言，我相信這種機制——這樣的切換——存在於我們每一個人之中。我不知道這是不是在我身上格外凸顯或是作用力特別強大，但我真的相信我們每一個人都能夠減緩自我指涉的活動，讓其他來源的訊息得以顯現。我相信我們大家都能更關注自我之外的思緒能量以及其他人，如此一來，我們就會有更豐富的同理心。

　　而且，我也相信，當我們開始探究摸索自己要如何在宇宙中找到定位，就能克服讓我們一直不敢探索自我最崇高路線的那種恐懼與猶疑。

| 30 | 糾纏

　　二〇一二年十一月二十日早晨，曼哈頓的某個繁忙街頭，有個名叫凱爾的麻煩孩子踩著他的滑板，從費城車站前往格林威治村。

　　凱爾自小在長島長大，絕頂聰明的漂亮小孩，擁有無窮的精力與好奇心。他也很不受控——倒不是因為他壞，而是因為他個性固執。隨著年紀漸長，凱爾變得退縮，因為他發現自己很難與其他小孩互動。他有幾個朋友，他是才華洋溢的音樂家——他會演奏單簧管與薩克斯風，還是某個無伴奏合唱團的成員。不過，他最自在的狀態還是獨處。

　　他的父母帶他去看醫生，想要找出解答，但卻一直沒有得到確切的診斷結果。

　　憂鬱、焦慮、情緒失調——沒有人知道到底是什麼原因讓凱爾心情低落。其實，他活動力很強，只是跟隨著不同的鼓聲節奏前行罷了。

　　最後，凱爾放棄融入這個他覺得自己無處容身的世界。他覺得反正自己永遠不會被別人所接受，所以就懶得繼續嘗

試了。

　　凱爾對於這世界的想法越來越晦暗，這一點自然不足為奇。他不覺得人間是良善美好之地，認為這世界就是愛吹毛求疵與品頭論足。他周邊有許多愛他的人，但是他卻很難相信人性中的良善面，他與這個世界的關係變得越來越疏遠，他覺得自己被拒於門外、與世隔絕、被眾人漠視。雖然有愛他、關心他的雙親，但他就是覺得自己十分孤單。

　　然而他並沒有放棄，一直努力要拼出完整的人生拼圖。他進入紐約市立大學，拚命要當個好學生。二〇一二年十一月九日，他熬夜到很晚，總算完成了隔天必須要交出的某份報告。一大早的時候，他搭火車進入曼哈頓。

―――――

　　靈界想要教導我們的重要課題之一，就是其實我們每一個人都性靈相通。但如果這是真的，類似凱爾這種人的位置又在哪裡？

　　凱爾覺得自己不是那種連結感之中的一分子。他在自己的生活中看不出它的任何蛛絲馬跡。他反而看到的是一個人人只捍護自己的破碎世界。在他的經驗裡，大家卑鄙無感又傷人。連結的後果很可能是痛苦，他看不出有什麼強化的必要，他接受的反而是自己過著孤單人生。

　　不過，他真的孤單嗎？

　　如果全宇宙性靈連結真的存在？那麼為什麼凱爾會成為圈外人？如果像是凱爾這樣的人覺得被排除在外──那麼這種無法全面涵蓋的連結感又有什麼好處？還有，萬一真的被凱爾說中了呢？萬一我們根本無法關注他人的喜樂、成功，以及成長？萬一，在我們的生命之旅當中，其實我們終將孤獨？

　　靈界教導我們，我們從不孤單。

　　科學家也努力研究這個問題──個體的、各種面向是獨自穿越時空？抑或是有某種幽微、看不見的力量將它們連結在一起？這也讓科學家們探索某種被稱之為「糾纏」的現象。

　　思維科學機構的某名資深科學家，迪恩‧拉汀，在他的著作《糾纏心靈》當中，寫到了有關探索光子──電磁放射粒子──彼此關係的某項實驗，這項實驗顯示光子會以我們還無法解釋的方式連結在一起。

　　舉例來說，在相同狀況下產生的粒子，比方說電子或光子，都具有類似自旋或是偏振的重要特質，顯現出無論它們距離多麼遙遠都能夠緊密連結在一起。它們產生的連結，正如最近這數十年來越來越多的精確研究所揭示的一樣，證明了愛因斯坦所稱「宛若鬼魅的遠距作用」的驚人事實，因為這種緊密通連的關係顯現出粒子在完全違反常理與愛因斯坦的光速旅行概念（訊息或是某個粒子對另一個粒子產生效應之極速）的狀況下，依然能夠保持連結，一顆粒子可以立刻

影響到另一顆粒子。這種全宇宙的完整互連性以及我們對於時空本質之領悟的蘊含意義，極其深切，那就是糾纏。

簡單來說，糾纏所隱含的就是「我們在一般、孤立物體之中所見到的間隔，以深度層次而言，多少算是我們有限認知能力所造成的幻象」，拉汀這麼寫道，「我們才剛開始初探物質實體的連結方式。」

就視覺上而言，靈界讓我看到了光能量的巨大場域，它與太陽不一樣。這個場域很一致，但它也確實是由數十億的小光點所組成，就像是某幅狀似單一的畫面，仔細檢視之後可以看出是由數百幅比較小的影像所組成，而那數十億的光點就是我們。

我所看到的是，這個廣大的光域是由我們所組成——要是沒有我們，就無法存在。但我們也沒有任何人能獨立於這個場域之外。我們的存在主要是由我們在這個巨大能量星團裡的位置而定，而不是我們個人。我們貌似與他人互不干涉，也可能會感受到刻畫自我的界線而誤以為我們獨立存在。但是我們的能量，我們的意識，就是註定與其他人的能量糾纏在一起。

我可以再提供另一個類比：想像一下伸出五指的手。每一根手指都很獨特，但每一根都連接到同一個源頭——也就是手的本身。手指雖然分離，但其實依然緊密相連。我們人類在世間擁有各種不同的體驗，但我們所有的體驗都會注入我們的巨大集體經驗之中——也就是我們的存在體驗。

　　我們的靈魂、自我、我們的體驗、我們的存在——這一切都不可能孤存。宇宙不是獨立之所，而是糾纏之地，我們以遠超過自身想像的各種方式與其他人互相緊密相連。

————

　　十一月二十日，凱爾那一班前往曼哈頓的列車因為軌道受損而取消，所以他乘坐下一班進市區的列車。他還因為這場延誤而向父親發訊——「超煩的，我要遲到了」——不過，他還是在早上十一點鐘到了費城車站。然後，他跳上自己的滑板，前往百老匯。他到達聯合廣場公園，轉往西道，突然之間，有名騎單車的快遞員逆向朝他直衝而來，因為對方左側有輛大貨車切過去。兩人相撞，凱爾從滑板上被撞飛，躺在街上不省人事。

　　過了幾個小時之後，他母親南西返家，接到了警方的語音留言，對方只有一句話：「請回電。」

　　當晚，凱爾的家人在殯儀館見到了他的屍體，「感覺非常超現實，」南西說道，「他才二十歲而已。」

————

　　凱爾喪禮結束的幾個月之後，南西打電話給我。她從某位朋友那裡聽說了我的事。是馬克·雷特曼醫生——也就是

幫助我接納自身天賦的精神科醫師，他認為我應該可以幫助南西。

　　我們才一開始解析，凱爾就立刻顯靈，強烈又清晰，他想要講述事發經過。

　　「他向我現示了某個運載工具，還有撞擊，但他也向我現示他不在那個運載工具裡面，」我告訴她，「他還向我現示這不是他的錯，有人握住他的手，托著他的頭。他說這一點對他來說很重要，因為在他待在人間的最後時刻，周邊聚滿關心他的人，他並不孤單，當他離世的那一刻，有人抱著他。」

　　電話另一頭的南西在哭泣，她把凱爾意外的來龍去脈告訴了我。

　　「事發地點在某間麥當勞的對面，」她說道，「有個年輕人從麥當勞出來，要是他繼續往前走，就不會遇到那場意外。但他掉了東西，必須回頭撿起來，就在這時候，出了意外，剛好就在他面前。」

　　南西先前找到了那個人，知道了更多關鍵時刻的細節。

　　「他當下的直覺是快閃，」她說道，「但卻有一股力量讓他待在那裡，把他拉到了那條街上，他是第一個衝向凱爾的路人。」

　　南西告訴我，那個年輕人跪在凱爾的旁邊，把他抱在自己的懷中，他發現有人想要偷走凱爾的滑板，趕緊伸出一隻手臂抓住對方，及時阻止。他也看到別人想拿手機拍照，但

他也出手擋人。「他覺得自己就是該待在那裡保護我兒子，」南西告訴我，「他一直在那裡陪伴，等到救護車到來。」

當那男人抱住凱爾的時候，他依然意識清楚。在那一瞬間，他還能夠抬頭盯著這位陌生人的雙眼，就在這個時候，對方把他抱得更緊了一點，然後，凱爾的雙眼開始往上吊翻。

「還有另一名女子也在那裡，跪在凱爾的身邊，」南西說道，「她也待在那裡等到救護車抵達現場，許多人都留在附近，形成了一種類似圓圈的陣仗圍繞著他。」

「凱爾提到這位年輕人是有原因的，」我告訴南西，「他之所以會提到這個人，是因為他知道對方待在那全然是出於一片好心。他明白那人不想逗留，但還是沒有走，對方願意留下是因為有愛心，凱爾看得出他內心善良。」

凱爾還有好多話想講。他告訴他母親，他現在很開心──再也不需要拚命拼湊完整的人生拼圖，他說現在與他外公在一起，他敬愛的阿公。他還說，他現在會以在世時完全沒想到的觀點體悟一切。

凱爾離世的幾個禮拜之後，南西看待他也出現了全新的角度。一開始的時候是凱爾的某個高中同學──同樣在世間掙扎──來找她，還說凱爾讓她的生活變得大不相同。「她經歷過讓自己很害怕的家庭問題，」南西說道，「而凱爾卻讓她覺得一切都會好好的，他伸出友誼之手，一直陪伴她。」

更多的朋友來找南西,對她說出類似的故事。與父母爭吵、被踢出家門的那個男孩——凱爾把他帶回家裡,讓他有地方可以棲身。還有個涉毒程度越來越嚴重的男孩——是凱爾勸他遠離那些真正危險的毒品。「有許多孩子,那些不受眾人歡迎、窩在幽暗之處的孩子——他們跑來找我,告訴我凱爾對他們而言有多麼重要,」南西告訴我,「彷彿凱爾將自己一直在尋索的東西給了他們。」

在凱爾的日誌中,南西發現了一段讓她格外心痛的引言:

> 對這個世界來說,你可能只是一個人;
> 但對某人來說,你可能就是世界。

「凱爾抄下了那段話,所以他一定多少相信吧,不過,他似乎無法相信自己其實是許多人生命裡重要的一環,」她繼續說道,「然後,當他在解析顯靈的時候,他終於發現自己並不孤單,總算看到了自己的優點,領悟到自己在世間的位置。這是凱爾故事的一大訓誨,永遠不要認為某人無法改變他人生活。」

————

我為凱爾與他母親的那一段解析,讓我震撼難忘。凱爾

在人生最後時刻所學到的那一刻，如此純然美好。許多人都會面臨困難險阻，有時候，他們會推開那些深愛自己的人。凱爾的掙扎讓自己覺得孤單，後來，在最悲情的狀況下，他接納了某人的愛，在那一瞬間，他終於懂得自己從不孤單。

南西告訴我，她與那名路人談過話之後，才知道他自己過著痛苦的生活，有自己的難處。然後，他目睹了這場車禍，他抱住凱爾，讓凱爾從世間跳脫到下一階段的過程中得以安心。而他的內心發生了變化，這種連結性的可貴時刻也開始療癒了那名年輕人。

對我來說，這是我們互動性存在的更有利證據，勝於目前的任何科學實驗。我們大家互相連接，糾纏，關注彼此的天命與時運。

在我為南西解析的過程當中，凱爾提到了一枚戒指。他取笑她一直沒更換他的床單——幾個月以來，她一直沒動他的臥房——然後，他告訴她，等到她下定決心要開始清理的時候，應該要找出那枚戒指。南西不知道他在說什麼。不過，一個禮拜之後，當她在整理凱爾物品的時候，找到了一只小小的銀色指環，戒圍內側繪有小小的黑心。她把它套在自己的無名指，完美貼合，自此之後她再也沒有取下。

南西也以凱爾的名字成立了獎學金，獎勵的對象是領導者的最佳典範，南西說：「這是要獻給那些總是幫助別人的孩子。」

透過了這個獎學金，還有透過了他短暫一生所接觸的諸

多朋友，凱爾繼續活在人間。在聯合廣場西道，事發現場旁邊的人行道，某棵樹下方放置了一只插有鮮花的小花瓶。每一個星期天，南西或她丈夫造訪這個地點的時候，就會把鮮花放入花瓶裡。到了十二月，還會放一棵小小的聖誕樹。有時候會有陌生人停下腳步，詢問花朵是要獻給誰，然後他們就會說出凱爾的故事。

「之後要是再看到這些陌生人，他們就會攔下我，向我打招呼，」南西說道，「他們告訴我，『每天我們經過這棵樹的時候，都會向凱爾打招呼。』他們根本不認識他，但依然天天和他說話。知道凱爾的名字還在那裡，存留在空氣之中，真是美好的恩賜。因為凱爾當時並不孤單，現在也一樣。」

我們每一個人都不孤單。

| 31 |　游泳池

　　早晨七點零五分，我把車駛入荷瑞克斯中學的停車場，這是我任教十六年之久的地方。我把車停入指定的車位，接近後門的某棵綠蔭大樹下方。我走過高三學生置物櫃的一樓走廊，我的服裝稀鬆平常——土色長褲、橘色上衣、橘色的開襟毛衣（橘色是我最愛的顏色）、脖子上掛有識別證，拿著裝有熱咖啡的保溫壺，好，那為什麼每個人都盯著我看？

　　有些是我認識的學生，有些我並不認識，還有兩三個老師——幾乎每個人都放下手邊的工作盯著我，臉上露出刻意的淺笑。我繼續往前走，不知道到底是出了什麼事。

　　我躲入英文系辦公室，複習自己以《佛列德雷克‧道格拉斯的生平記述》為文本、教導修辭策略所做的筆記。七點二十五分，第一堂課鐘聲響起，我前往二○七教室。這時候的學生們通常還在半睡狀態，但是他們今天卻精神抖擻，乖乖坐好等我到來。教室內有一種詭異又激動的能量，我沒有理會大家的關注，繼續依照我的既定教學進度認真上課。

　　八點十四分鈴響，大家不若以往一樣衝出教室，每個人

都乖乖坐著不動。終於，有一個機靈外向的學生，名叫歐文，坐在後頭的他開口問道：「傑克遜老師，妳是不是會通靈？」

我聽到有人倒抽一口氣。

我愣住了，「抱歉，你說什麼？」

「妳是不是會通靈？」歐文再次問道，「妳是不是靈媒？」

我只是站在那裡，完全說不出話來。來了，我害怕的時刻到來了。

我馬上就知道出了什麼事。我有某位固定解析的對象是著名流行樂歌手——年輕、充滿活力的大明星，在社群媒體擁有大量追蹤的粉絲。就在前幾天晚上，她邀我去參加她在布魯克林巴克萊中心舉辦的演唱會，她擔任另一位更出名流行歌星的暖場嘉賓。之後，在她的梳妝室裡面，我與她一起合照。

她把那照片公布在她的 IG 感謝我，還點出我的姓名是蘿拉・琳恩・傑克遜。高中裡沒有人知道我的全名。當我的某些學生看到著名流行音樂明星與他們的英文老師合照之後，立刻利用 Google 搜尋我的資料，發現了記載我的特殊能力為靈媒的網頁。

其中一個學生是這麼說的：「傑克遜老師，妳昨天算是我們社群媒體裡的大爆點。」

平撫了被曝光之後的驚嚇之後，我準備好回答歐文的問

題了，先前我早已經和校長演練過的一套說詞。

「對，我是靈媒，」我說道，「我接受過科學研究專家的測試，他們認證了我的能力。不過我此部分的生活與我的教師職責完全無涉。所以，歐文，除了回答你的問題之外，我不會再佔用課堂時間繼續討論下去。你不需要擔心我會在課堂上解析你，我也不會在我上任何一堂課的時候解析任何人，所以就連問都不需要問了，我們繼續浪費時間談這個並不恰當。」

其中一名學生問道：「要是有人考試的時候作弊，妳看得出來嗎？」

其實，真的可以。在一個月前進行某場考試的時候，我坐在自己的書桌前，暫時背對學生，迅速在電腦上記錄出缺勤。突然之間，我感覺到有一種能量套索、把我扯向教室後方，感覺就像是有隻手揪住我的手臂、硬是扭過去。我的目光沿著那股拉力看到最後一排有個男孩想要把某張字條藏在手底下。我走過去，叫他交出那張字條，現在已經被他藏在大腿下方。「那是作弊，」我對他說道，「你自己也很清楚。」

但是，我不會把那故事分享給學生，我再次重申，不會再花時間討論這檔事，但各種問題還是不斷冒出來。

「天堂是什麼模樣？」

「我的狗在天堂嗎？」

「我可不可以和天堂的祖母講話？」

「妳有沒有讀心術？」

「妳有沒有參與過偵辦失蹤人口的案件？」

我這才發現學生們興致勃勃要詢問我的特殊能力，是因為他們過著開放又充滿探問的人生！我原本以為大多數的小孩想要知道更多關於那位搖滾明星的事，當然大多數人都是如此，不過，其實大部分的人對於我的天賦如此著迷，讓我真的大感意外。

我真的很想要回答這些問題，但我知道不可以。我反而立刻結束討論，催趕學生們準備迎接下一堂課。

在接下來的那六堂課當中，同樣的劇碼不斷上演。我當天的最後一堂課，也就是第八節課，我侃侃而談，我會徹底分割我的靈媒任務與教師職責。我還是很想要分享我對於靈界的觀點、回應他們的好奇心，但我又忍住了衝動。所以我陳述完畢之後，趕他們去上後續的課程，但是卻有一名學生拒絕離開。

她十五歲，長得漂亮，而且非常聰明，但也害羞寡言。等到大家都離開之後，她站在自己的書桌前，雙手掩面，但我看得出來她在哭。

「傑克遜老師，」她發出微弱到不行的呼求，「我需要妳幫我。」

幾個月之前，她母親結束了多年的獨身生活，再次嫁人。她的繼父是個充滿愛心又體貼的人，對她與她母親都超好，為她們的生活帶來了許多幸福與歡笑。不過，就在婚禮

後的第三個禮拜，他在他們自家後院游泳池游泳，突然之間，她聽到她母親在尖叫。

　　女孩衝到外頭，看到繼父臉部朝下、在游泳池較深的那一端漂浮。她母親不會游泳，所以她大聲叫女兒跳下去救繼父。

　　「但是我愣住不動，」我的學生哭得更傷心了，「就是動不了，整個人陷入僵麻。我好怕，不敢進入池內，所以我一直沒有跳下去。」

　　等到急救人員抵達的時候，她繼父已經斷氣了。

　　我內心深處感應到這年輕女孩的痛苦、罪惡感，以及煎熬，真令人心碎。她等我說話，但我不知該說什麼才好，我不該解析自己的學生，我剛剛才表明自己絕對不會跨越界線，但這個女孩的負擔讓我動搖了，我知道她要是被迫扛著痛苦一輩子，一定會限縮她的一生。

　　「我很抱歉，可不可以麻煩妳轉告他？」她說道，「拜託好嗎？」

　　我該怎麼辦？

　　其實，我已經開始在解析她了。大門立刻打開，她的繼父急忙顯靈，他表達得很明確，不是她的錯。請告訴她，這並不是她的錯。

　　我陷入遲疑。在過去二十年當中，我一直錯開我的兩大生活路徑，小心翼翼維持雙面生活，如今我築起的這道牆卻垮了下來，我還能把它修補回去嗎？

　　「他陽壽已盡，」我終於開口，「就算妳跳入泳池裡，也無法挽救妳繼父的生命。我感應到他心跳終結，所以他撐不下去。妳沒辦法救他，那是他的大限，絕對不是妳的錯。」

　　那女孩停止哭泣，屏息凝望著我，她的雙眼睜得又圓又大，嘴唇不停在顫抖。「妳繼父還有別的事情想要讓妳知道，而且這非常重要，」我告訴她，「他希忘妳能夠明白，他最美好的恩賜──他這一生中得到的最美好的恩賜──就是遇到妳母親，然後遇見了妳，以及能夠和妳們一起共處。他想要因此而謝謝妳，他說妳給了他這份美好的禮物。」

　　女孩開始噴淚，我扶著她的肩膀，我的兩大世界碰撞在一起，而且我無力阻止。

　　我到底有沒有試圖出手阻止？我連這一點都不確定了。

| 32 |　天使路

　　我正在開車，要去找住在長島的朋友芭比‧艾里森。我瞄了一下自己車子的導航螢幕，它剛告訴我要在下一個出口離開快速道路。

　　我心想：哇，沒想到這麼快。整趟路程才花了十七分鐘，我本來以為得要開更久。不過，我還是聽從導航指示，在下一個出口離開。

　　芭比是我最要好的靈媒朋友之一，我馬上就要去她的新公寓一起吃午餐，我已經迫不及待，想要趕快體驗她在新空間所創造的能量。導航告訴我再過幾分鐘就到了，然後，它叫我右轉，然後左轉，再右轉兩次。怪了，這樣似乎是在快速道路隔壁的某個街區繞圈。

　　導航語音系統再次宣布，「你已經到達目的地。」

　　但怎麼可能呢？根本看不到任何房子！導航語音系統嚴厲重複指令，「你已經抵達目的地。」

　　我以手機撥打芭比的電話。

　　「呃，我搞不清楚這怎麼回事。」我告訴她，「我的導

航害我白忙一場,最後把我丟在快速道路某個出口旁的一條街,妳住在這附近嗎?」

芭比問道:「街名是什麼?」

我抬頭看路牌。

「天使路。」

芭比立刻爆出大笑。

「妳在跟我開什麼玩笑?」她說道,「不對,我不是住在那裡,但我知道那地方,妳還得開二十分鐘左右。不過,蘿拉,這實在太好笑了!靈界在跟我們開玩笑!天使路!笑死我了!」

我也哈哈大笑。靈界似乎有某種幽默感。我很久以前就知道靈界可以操弄靠電流運轉的物品,可能會給我們靈訊,不然就是跟現在一樣,對我們開玩笑。現在我知道以後不能太仰賴自己的導航系統。

當我與靈媒朋友們相熟之後,似乎就會出現奇怪又美好的事,我們之間有一股強化的能量在滋滋作響。但最棒的是,我們都懂──我們知道當「怪咖」是什麼感覺,也能以非典型的方式理解萬物,而且我們知道擁有這些增強能力的重大責任。對於做完解析之後的耗累,我們會同情對方,我們會比較彼此在「正常」生活與自身靈媒生活之間所設下的界線。我們同心協力,找到了別處找不到、相當程度的寬慰支持以及體諒。

多年前,我們開始有了約一個月一次的通靈女孩聚會

之夜——或者可以說是我們老愛戲稱的「巫婆密會」。有時候，我們這一夥人會全員到齊：芭比、金姆・羅素、貝絲・阿特曼、迪安娜・奇奎曼尼，都是靈媒，派特・朗格，靈療師與性靈導師，還有了不起的朵琳・貝爾，她正如同她名片上的頭銜，是「改變的媒介者」。酒精，就像我之前所提過的一樣，似乎讓我們的特殊能力更加暢通，而能量也自此時開始蘊積。

　　我們——金姆、芭比，還有我，最近某次的密會地點——是法納提克，位於長島希克維爾的某間義大利餐廳，這是我最愛的地點之一。我們坐在靠近門口的某張桌位，點了義大利麵配球芽甘藍佐橄欖油，一些金線瓜絲佐番茄麵醬，最受大眾喜愛的焦烤花椰菜，我們點了兩盤。金姆與芭比點紅酒，而我則是來上一杯灰雁大都會雞尾酒。

　　我們的對話，一如往常，總是輕鬆自在又有趣——幾乎與隨便哪三個好友聊的話題都一樣。芭比告訴我，她女兒在南卡羅萊納州買了新房，超級划算。

　　「多少錢？」金姆問完之後，不可置信。「比某些包還便宜啊。」

　　我們聊到自己的任務總是帶來無盡的收穫，但也非常累人。我們必須要注意，千萬不要一直處於「開機」狀態，不然我們會身體不適。我提到自己最近做了好幾次解析，然後又立刻接著做一場團體解析，最後得了流感，一直咳個不停，讓我被迫休養三個月。芭比說她因為先前太操勞，罹患

嚴重支氣管炎，最近才剛康復。

　　我們後來才發現，雖然我們操作的都是相同的心電感應（這是金姆的說法），但我們的技巧各有不同。

　　金姆說道：「我會在自己面前看到活生生的魂魄。」

　　芭比回她：「我也是。」

　　我說：「我從來沒有遇過這種事。」

　　我提到我是在分割為數個特定區域的內心螢幕、接收靈界的訊息，但金姆與芭比從來沒有使用過螢幕。

　　芭比說道：「我是靠自動書寫。」她說自己具有寫下來自靈界的思想與看法的能力，而她在那個當下並沒有意識到自己到底在寫些什麼，我對那種方式也不是很熟悉。

　　我們以不同方式執行自己的專業。金姆與芭比都有導師訓練，而我則是靠自己摸索。那倒是讓芭比想起她上過的第一堂靈療課。

　　「我很怕去上課，」她說道，「我擔心不知道會遇到什麼，我以為我會看到一堆無頭雞在四處亂跑。」

　　當然，沒有什麼無頭雞，而且芭比超愛那堂課。

　　金姆想起自己與妹妹曾經參加過某個名叫荷莉的通靈者所舉辦的簡介活動。那女子邀請金姆去上她的課，裡面包括了培養直覺的初步原則，然後，對方告訴她，她已經是高等靈媒了。後來她建議金姆要學習基礎與防護，還告訴她接下來她的靈魂導師會教導她剩餘的部分。

　　「靈媒？」金姆告訴我們，當初她問荷莉這個問題，

「妳怎麼知道？」

　　荷莉回她：「親愛的，妳記得吧？我會通靈。」

　　由於我們對於彼此的能量十分契合，相聚吃晚餐的時候也會為彼此解析。每次都這樣，我們其中一個人會冒出這句話：「妳怎麼知道？」之後大家就會立刻爆出因這問題荒謬性的朗聲大笑。

　　芭比可能會提問：「妳的車子今天有狀況對吧？」

　　金姆反問：「妳怎麼知道？」

　　「親愛的，我會通靈。」

　　我們也會根據自己從靈界所看到的訊息，提供彼此建議。

　　「當妳們其中一個人幫我解析的時候，就是給了我重要的確證，」芭比說道，「通常是我在苦思但無法確定的事。」

　　「因為我們很難得到有關自己的資訊，」金姆說道，「就像是現在，我知道自己的生活發生變化，但卻看不到任何現示，什麼都沒有！但我也尊重啊，因為我不想要當壞孩子，直嚷著：『快啦！我想要知道！』」

　　「當我為你們進行解析的時候，我會注意我螢幕的左側，也就是我看到靈魂導師的位置，」我說道，「只要是某人靈魂導師出現的時候，都會在那裡，而導師們會把有關妳們的靈訊告訴我。」

　　芭比說道：「我們的靈魂導師似乎都在一起。」

　　靈魂導師是曾經存於世間的靈魂（但不是我們目前的現

世），如今在靈界繼續進行他們的旅程。他們有任務，這是旅程中的一部分——就像我們在凡間一樣。那些任務也是為了要幫助他們學習尚待學習的功課，才能讓他們在自己的旅程中繼續向前邁進。這些魂魄成了靈魂導師，而成為靈魂導師將有助於他們成長。他們是我們的守護者、教師、導師，以及啦啦隊。他們會把思緒灌注在我們的腦海之中，向我們傳達各種暗示、徵兆、認可、充滿創意的刺激、腦力激盪、本能，以及直覺。當我們提到要順應自我拉力的時候，他們就是在背後猛拉的人，他們總是希望我們能夠找到最佳途徑。

芭比說得沒錯，我們的靈魂導師的確是一起合作。

「他們認識彼此，」我說道，「我們的靈魂導師全都隸屬於同一個團隊。」

在法納提克的那一晚，我們接受到給對方的靈訊。

「我感應到一堆妳的事，」我告訴金姆，「好事。」

金姆正準備要做出職涯的某項重大決定，她說道：「這些導師告訴我，他們正在幕後運作，但我所知道的就只有這些而已。」

「他們向我現示，妳不要再逼自己了，必須要放手，」我說道，「去年的時候，一直處於壓迫、壓迫、不斷壓迫的狀態，妳必須要學會放手。他們正在控制事件呈現的方式，這麼做是有原因的，早已有了既定的計畫。放手這種難受的感覺會持續一陣子，但妳這麼做準沒錯，最佳途徑一定會顯

露在妳的面前。」

　　金姆說道：「哎，正當我往前邁進的時候，他們卻不給我任何提示。」

　　「他們給了我一點提示，」我說道，「我看到了洛杉磯，絕對是洛杉磯。妳將會發現自己被拉向洛杉磯，然後，那裡將會出現一場妳也參與其中的現示，揭露一切。正如同他們計劃的一樣。妳只需要順應自己的拉力，記得現身就是了，他們會讓它實現。」

　　「對我來說，重點就是實現，」金姆指的是將目標視覺化的練習，透過自身信念的能量，讓它成真。「我們的一舉一動就像是它已經發生一樣，我們感謝宇宙賜給我們理應得到的一切。」

　　我把我實現事物的方式告訴她——在一年之初的時候，寫信給宇宙。信中會感謝宇宙幫我實踐了好幾項特定目標，即便還沒發生也一樣。

　　「我必須要謝謝派特‧朗格教我使用這麼明確的方式，」我開始解釋，「當初是她告訴我一定得寫下來，我以前都覺得只需要投注思緒就夠了，但她說不行，寫下那種事項會產生力量，她說得沒錯。」

　　「我總是在我老公面前證明了那一點，」金姆說道，『他會說，妳又不可能讓一切都實現。』我會嗆他，『給我等著看就是了。』等到果然成真的時候，他就只能猛搖頭。」

　　我們哈哈大笑，聊起我們生命中的男人也有自己的同志

情感。有時候我們會一起出去，當我們在找尋帶有適合我們
能量的桌位時，這些人夫們會耐心等候，互相交換心照不宣
的微笑：他們明白我們必須要找到讓自己「感覺正確」的位
置。

那一晚，我們這幾個女人待到法納提克打烊。我們離開
的時候，清潔人員已經開始工作了。只要我們有聚會，通常
就是如此──數小時過去，感覺就像是才過了幾分鐘而已。

回家的路上，我放下晚餐時的驚人能量，感謝宇宙帶給
我如此特別的朋友。這一頓晚餐，一如往常，強化了我們之
間的連結關係──而且我們也非常需要那樣的連結。我們都
有一個強大的支援團隊，讓我們走向正確道路，而且逼促我
們要精益求精。我們有已逝的摯愛，我們也有自己的性靈導
師。

不過，我們也有在世間深愛我們、需要我們的人。而
且，有時候他們的支援是最重要的後盾。我所說的並非只是
我的靈媒姐妹與我，而是適用於每一個人。

| 33 |　盡頭之光

　　我處理靈界事務以外的其他時間，過著相當正常的生活，基本上，就是以家人為主。對他們來說，我只是媽媽、姊妹，或是金髮妹（這是蓋瑞特喊我的暱稱）。好笑的是，雖然靈界會將全然陌生人超具體的資訊傳達給我，我卻沒有辦法確切解析我的家人。我太清楚他們的一切，太愛他們了。由於我一直希望他們可以平安順遂，所以我不相信自己可以「清楚」解析從靈界得來的靈訊。這是我天賦的其中一個怪異之處——有時也沒辦法幫助我家人或自己，這應該是最好的結果。

　　我的姊姊克里絲汀生了四個帥哥小男生，她面對我的天賦一直態度很從容。當我們在一起的時候，我的特殊能力通常不會發功，但靈界偶爾會塞入一些靈訊。比方說，克里絲汀會提到某個朋友，我會突然問道：「妳的朋友是不是有個哥哥叫泰德？」她會停止討論，反問我：「妳這是在聊天還是在解析？」

　　即便如此，我的姊姊還是告訴我，我的確改變了她看待

世界的方式。她一直相信有天堂，但她現在說她覺得天堂與我們之間的距離、比大片晴空近多了。她相信天堂就在我們之間，也相信我們被逝者的能量緊緊包圍。

　　而我的弟弟約翰，對於那種思維的態度就不是那麼開放了。他曾經說過，他相信我有天生的直覺，但他就是沒辦法相信真的有靈界。約翰婚後生了三個小孩，當他們家裡有大事發生的時候，他老婆會說：「快打電話給你姊姊！問她這是什麼狀況！」約翰不會阻攔我幫他的家人進行靈界連通，奇怪的是，我似乎一直能夠得到有關他的清楚靈訊。比方說，有次我告訴他三個月之內會有一個來自亞洲的大好機會，腦袋超厲害、在科技界工作的約翰，從來沒有在亞洲有任何的商務往來，但這機會果然按時來報到，約翰發現自己居然搭機去了韓國。

　　在家的時候，我的特殊能力並不會經常外顯。不過，我記得很清楚幾年前與葛瑞特和小孩一起看超級盃的情景。我發現葛瑞特不太專心，我脫口而出：「喂，你最好專心盯著螢幕——你不會想要錯過等一下出現的達陣吧。」三秒之後，某名球員攔截傳球，衝過球場，完成一次精采達陣。

　　蓋瑞特說道：「妳最好祈禱黑手黨不要找上妳。」

　　經常有人問我，是不是有哪名子女遺傳了我的天賦。我最大的女兒，艾許莉，我見過最仁善的人之一，似乎有明顯的通靈體質，感應與解析眾人的能量相當厲害。她似乎偶爾會展現預知能力，幾年前的母親節，艾許莉與蓋瑞特忙完了

幾件事之後，正開車返家，艾許莉突然說道：「媽咪馬上就要打電話了，十、九、八、七……」她一路倒數到一，就在這時候，蓋瑞特的手機響了，是我。

海登，我的老二，是個可愛活潑的男孩。他擁有不一樣的本領：可以找到不見的東西，展現天賦不費吹灰之力。

我們其中一個人開口：「海登，你知道電視遙控器在哪嗎？」

他會安靜一兩秒，然後開口說「夾在沙發裡面」或是「在床底下」。

這一招也適用於芭蕾舞鞋。去年春天我問他：「海登，現在有緊急狀況——我們得在五分鐘之內前往茱麗葉的獨舞會場，可是我們找不到她的另一隻舞鞋！專心！趕快找！」

「好，給我一分鐘就好。」他抬頭，望向他的右側。

才不過幾秒鐘，他起身，打開走廊邊櫃，把手伸入某個陰暗的角落。

「海登，不在那裡……」我還沒說完，他就從某個儲藏箱後方撈出芭蕾舞鞋，拿在空中晃啊晃。

說到缺點，只要有海登出現，復活節找彩蛋的遊戲就會變得不公平，玩「海戰棋」的時候也是。

我最小的孩子，茱麗葉，是一個洋溢光亮的自由靈魂，就跟我小時候一模一樣。

無論我們去哪裡，大家都似乎會被她的能量所吸引。他們會主動來找她，送她東西，屢試不爽。後來這成了我們家

族裡流傳的玩笑——茱麗葉今天又收到什麼禮物啦？

在她不過三歲的時候，某一天，她跑來告訴我：「媽咪，有個金髮小男孩一直跟在我身邊。」

我瞬間愣住了。這只是某個幻想朋友？或者……是別的東西？

「哦，」我問道，「這個男孩很乖還是很壞呢？」

茱麗葉說道：「他真的很乖。」

「好，」我說道，「那我覺得他可以待在這裡。」

茱麗葉微笑，蹦蹦跳跳離開了，又繼續過著她美好天真無邪生活。

————

羅斯可——我們家忠心又可愛的迷你雪納瑞——是我們家另一個備受寵愛的成員。當老二與老三出生、我們帶他們回家的時候，羅斯可會躺在我們床邊，整夜不睡緊盯著寶寶。有一次，他甚至靠著叫聲嚇走了竊賊，他是了不起的朋友與家庭成員。

他十歲的時候，突然癲癇發作。我趕緊帶他去找獸醫，對方說只是吸蟲作祟罷了，不需要擔心，然後就把我們趕回家了。但我覺得不對勁，所以一個小時之後，我又帶他去別家診所。這名獸醫很擔心，做了好幾個檢查。

在獸醫辦公室與羅斯可待在等候室的時候，我突然在靈

界的螢幕看到了另一隻動物的形體。我並沒有想解析或聯絡任何人，那隻動物就自己出現了。我認得她——是「雷聲」，我媽媽摯愛的黑色拉布拉多犬，兩年前離世。她與羅斯可一直是好朋友。雷聲一直在帷幕前跳躍——也就是我心中螢幕區分人世與靈界的透明邊界——她似乎是因為什麼事而感到興奮，我知道那是什麼意思，我以前也看過，羅斯可即將離世，而「雷聲」過來迎接他。

其實，對於羅斯可健康急轉直下，我雖然難過得要命，但知道他即將離世，我倒也不是十分驚訝。幾個月之前，靈界向我現示羅斯可很快就要走了，我看到的時間軸是三個月。我當時好希望是我弄錯了——可能不知道怎麼回事，我搞錯了靈訊。畢竟，他上次健康檢查的時候沒有問題。雖然如此，我還是在當時告訴了蓋瑞特，我也開始預做羅斯可離世的情緒準備。蓋瑞特與我討論之後，決定要小心翼翼讓小孩預做準備。「羅斯可和我們在一起的日子，可能只剩下幾個月了，」我們是這麼說的，「所以，讓我們要好好珍惜與他共處的時光。」三個月之後，羅斯可出現癲癇。

X光片顯示羅斯可的腹部有腫瘤，還出現了內出血。獸醫趕緊把他送入急診，我們開始評估各項選擇。為羅斯可開刀是其中之一，但他狀況惡化顯然很嚴重，而且，我們很可能會害他冒很大的風險，但未必會有幫助。羅斯可身體已經休克，醫生告訴我們，他很可能會在動手術時離世，而我們卻無法待在他身邊。

　　我想起了靈界告訴我的事，已經三個月了。我知道雷聲已經在那裡、準備帶走羅斯可。我明白：他的時候到了，我們一起做出決定，讓羅斯可安息。

　　羅斯可離世的時候，葛瑞特、孩子，還有我都陪伴在他身邊。我們每個人都把手放在他的狗毛上面，我們告訴他我們有多麼愛他，感謝他一直是我們生活中如此美好的一部分。他溫柔的棕色雙眼凝視著我們的眼眸，然後，他閉上雙眼，走了，周邊有我們滿滿的愛。

　　雖然靈界想要讓我為羅斯可離世做好準備，但還是讓我心碎不已。我知道他的離開是宇宙為他安排的計畫的一部分，不過我還是傷心得不能自已。我知道靈界的狀況，但我依然想念我的愛狗，想知道他是否安好。

　　獸醫告訴我們可以留下羅斯可的腳印，我們都覺得這構想很棒。他們在弄腳印的時候，我們靜靜等待，我茫然坐在那裡，盯著對面的牆面。終於，我定睛看清楚牆上的海報——不禁倒吸一口氣，是食蟻獸的照片。

　　為什麼某間獸醫辦公室裡的食蟻獸海報如此特別？

　　許久之前，我請求靈界能夠讓我過世的摯愛傳打暗號給我，我以前是要求帝王斑蝶，但是過了一陣子之後，我決定要挑戰更高難度。我開始要求三個特殊的暗號——非比尋常的暗號。如果宇宙想要給我靈訊，那麼就請讓我看到犰狳，或是土豚，不然就是食蟻獸。

　　為什麼有獸醫會在診間裡放一張巨大的食蟻獸照片？我

哪知道。不過，我知道我註定會看到那隻食蟻獸，而且我知道原因。它讓我知道羅斯可已經安全到達了靈界，而且他依然和我在一起，我們因為愛而緊緊相繫。

過了一會兒之後，海登與茱麗葉想去上廁所。我陪他們去洗手間，自己在外頭等待。我面向左側，就在與我視線等高的位置，有個小狗瓷像，白色的迷你雪納瑞，那條狗長得就像是羅斯可一樣，而且在微笑，那條狗兒很開心，背部還有天使翅膀。

好，有些人會說，這有什麼了不起，只是巧合罷了，但我知道不是。

第二天，我鼓起勇氣，請羅斯可再給我另一個暗號。

「讓我知道你在那裡很好，」我開車的時候，大聲說了出來。「就讓我聽到『天使』這個字吧，我就會知道了。」

我請求羅斯可給暗號的時候，同時打開收音機，頻道裡正好播放某首民謠，而我聽到的第一句歌詞是：「……一定是天使。」

不過，我還是──還是覺得不夠好。我的意思是，歌詞裡有「天使」的歌曲有百萬首吧，是不是？

那天稍晚的時候，我打電話給獸醫辦公室要處理我們的帳單。接電話的女子解釋各項收費的時候極富耐心又和善，她說羅斯可離世真令人好遺憾，而且還想盡辦法紓解我的心情。

我謝謝她，詢問她的名字。

「我叫天使。」

我露出微笑，當我急需要另一個暗號的時候，交給羅斯可準沒錯。

都是因為我們對羅斯可濃厚強烈的愛，才會讓我們彼此之間的溝通管道保持暢通；也是因為那份愛，讓我得到了羅斯可即將離世的預兆，看到雷聲來訪。許多年前，一股強烈拉力把我從游泳池裡面拖出來、要去見幾個禮拜後就過世的阿公，我當時不明白預兆是什麼，當阿公過世之後，我也不知道為什麼，開始憎恨預知能力。不過，對於羅斯可，我卻坦然接受了給我的預兆。我知道靈訊究竟從何而來，我也明白它的動力來自於愛。靈界的一切操作都是基於愛，對於羅斯可，靈界給了我們一份隆重大禮，讓我們能夠珍惜與頌揚我們對他的無盡之愛。

而且，我也得到跟先前一樣的領悟，羅斯可並沒有離開我們，我們可愛美麗的羅斯可依然在人世。

————

我們家族裡因狗而與靈界有深刻相逢經驗的並非只有我們而已。就在不久之前，我弟弟約翰，知道他領養的心愛比特犬布·雷德利生病了。她過去曾經因為口腔腫瘤而接受治療，癌細胞復發擴散，他們束手無策，必須得讓她安樂死。

小布在我弟弟心中有特殊地位。他搬到加州、與女友分

手之後領養了她。當他認識妻子納塔夏的時候，有小布，而當他的三名子女：瑪雅、卓伊、小約翰出生的時候，也有她，而且她對他們展現了無比的愛。

我弟弟不知該怎麼告訴才六歲的瑪雅。

他知道她一定會問小布去了哪裡，他希望她能夠做好失去狗兒的心理準備，幫助她走過這段痛苦，不過要是她並不相信小布上了天堂，他又怎麼能說出口？

他找我們的母親尋求指引。她相信天堂，但也知道我弟弟抱持懷疑態度，所以她建議他這麼告訴瑪雅，「某些人」相信有天堂，美麗而幸福，每個人——就連狗兒也一樣——在那裡都得到了愛，而當我們去那裡的時候，就會與我們的狗兒團聚。

約翰接受了她的建議。當他把這段話告訴瑪雅的時候，她問道：「把拔，你也是相信天堂的人嗎？」

「我不確定，」約翰這麼告訴她，「但我的確希望真的有天堂。」

小布在聖誕節之前的那個禮拜接受了安樂死。當她離世的時候，約翰抱著小布，我弟弟失去了她，痛苦萬分，開始質疑自己的信念。

「如果真的真的有天堂，」他對小布說道，「如果真有天堂，我需要妳給我一個暗號，但只能透過一個人——蘿拉・林恩。」

他想到了小布的項圈，對她說道：「小布，我要的象徵

是星星外包一個圓圈，請透過蘿拉·林恩讓我看到，那我就會信了。」約翰沒有告訴任何人有關這個暗示的事。

幾天之後，我弟弟帶著家人飛來紐約，全家人一起過聖誕。在平安夜的時候，母親來我家，帶了一瓶紅酒，包裝得十分美麗，一如她的一貫風格。她以雪花包裝紙包住酒瓶，還在瓶口裝了一個雪花餅乾切割器。

第二天，聖誕節的時候，大家都到了我母親家。我決定要來做布里乳酪麵包。我母親說她準備的食物夠了，但也不知道為什麼，我就是很想做，我找出了所有的材料──布里乳酪塊、醃漬杏仁、核桃，還有麵團──準備要動手。不過，當我看到我媽媽廚房流理台的雪花餅乾切割器的時候，我心中起了一個念頭：我還有多餘的麵團，何不切出一塊雪花，放到布里乳酪麵包最上方，這樣更有節慶氣氛？

我在我媽媽家擀麵糰，靠著切割器切了一塊雪花。我覺得自己沒弄好，因為它最後的形狀像是猶太星，我好開心！

「你們看！」我對我的弟弟與姊姊大聲呼喊，「我們有個聖誕節猶太星布里乳酪麵包！」

我拿起剩下的麵團，把它滾成長條狀，為那塊布里麵包做出圓環外邊，我發現我弟弟專注盯著我。

「妳是要拿那條麵團幹什麼？」我弟弟的語氣簡直像是在控訴一樣。

「我要弄個圓圈包住星星，」我說道，「我知道不是很有創意，但就是想做。好，等著看了。」

我弟弟搖頭，走出了廚房。

過了一會兒之後，他在另一個房間呼喊我：「蘿拉，妳可以過來一下嗎？」他語氣焦急，幾乎像是在下達命令。

「馬上來！」

我去找他的時候，手裡還黏著麵團，約翰想要開口，但卻先哭了出來。

我問道：「怎麼了？發生什麼事？」

「小布離世的時候，我告訴她，如果真有靈界，她必須要給我一個暗號，」他說道，「我說要是給我暗號，必須要透過妳。」他開始抽泣，「星星外頭要外加一個圓圈。」

現在，我們兩個都在哭。

我知道要是我直接告訴約翰，我覺得布・雷德利就在我們身邊，他一定不信。靈界也知道這一點，所以靈界想辦法實現小布的暗號。他們讓我做出某個東西，甚至也讓我媽媽助我一臂之力。約翰給了小布這麼艱難的任務，但她成功了！

對約翰來說，這是一份何其特別的聖誕禮物！

我問我弟弟：「所以你現在終於相信了嗎？」

我的帥哥弟弟，一輩子的懷疑論者，思考了好一會兒。

「我應該多少得信了吧。」

————

　　我們大家都能夠辨識出這些與靈界的美好連結，我們都能夠通達我們的摯愛，無論是在世間或靈界都一樣。除了這些互動關係之外，我相信我們都擁有通達靈界的能力。也許我們都沒辦法找到不見的芭蕾舞鞋。但誰知道呢——也許我們辦得到。

　　對於我的孩子，我對待他們就像是對自己的學生一樣，對那些解析對象、對本書的讀者亦然：我鼓勵他們敞開心胸，坦然接受這世界遠比我們想像的更大更神奇。

　　這也是我每天對自己的期許，我就能夠以這樣的態度擁抱人生。

———

　　現在要提到的這部分很美好——我們的生活完全不需有任何變動，只需要改變我們的觀點就夠了。

　　我們在自己的日常生活中都有連通其他人，以及靈界摯愛的通靈經驗。不只是偶爾，而是永遠如此。我期盼我們能夠理解與頌揚這種內心的天賦，就能領悟到在我們打開心靈之後，它能夠徹底扭轉我們的生活。

　　不需期待會出現任何的閃電巨雷聲，只要我們開始以不同角度看待我們的生活，這一切就會實現。但是那種微小的改變可以改變你的生活，它可以改變世界，撼動宇宙，而我們所有人之間的那道光會更加閃耀。

致謝

　　本書得已問世，必須要感謝許多來自凡間以及靈界人士的靈光與影響。

　　亞歷山大·特雷斯尼沃斯基——自你下載書稿的第一天起，你就成為這趟書之旅的一部分。不到二十四小時，你就現身幫助我仔細修琢，讓它終於能夠出現在世人面前。有這樣的顧問，夫復何求？感謝你所賜予的所有靈光，你是我見過最謙卑的人，你是送給這個世界的贈禮。

　　珍妮佛·魯道夫·瓦爾許——妳帶來了命運的轉向與光亮，而且妳還是支持度最高、最了不起的經紀人——也是朋友。妳的視野與熱情永無止息，令人目眩神迷。無論是什麼樣的偉大光力把我帶入妳的道路之中，我永遠充滿感謝。妳給我靈感，幫助我站穩腳步，很簡單，妳改變了世界。所以，我很感激這一路有妳相伴，一直身處在妳的靈光之中！請繼續照亮下去。

　　茱莉·葛勞——我知道妳是靈界為這本書親自挑選的編輯，妳也是光之團隊的一分子。妳的真知灼見、智慧，以及

視野，對這本書之旅而言意義非凡，謝謝妳帶引它切中重點，感謝妳的耐心仁慈與友誼。我知道自己能夠和妳一起行過正道有多麼幸運，我滿懷感恩。

琳達‧歐斯瓦德，我的母親──我的第一位、也是最偉大的老師，教導我要愛人、努力工作，以及大方給予、保持仁善、永遠聽從自己的意志。妳是世間的一股愛的偉大力量，而且妳對我的人生有莫大影響。妳讓我的童年地景美麗至極。妳的每一時每一刻、每一次的犧牲、每次鼓舞我繼續下去、對我說我強壯美麗、信任我、鼓舞我、毫無保留地愛我──這一切都意義非凡。妳的愛鍛造出我的光之正道，這本書就像是妳的映影，也是我的映影。無論我上輩子做了什麼、能夠在此生得以讓妳成為我的母親，我永遠感恩在心，我中了好媽咪樂透獎。

約翰‧歐斯瓦德，爸爸──感謝你在地下室唱歌的每一個夜晚，還有你努力的一切方式，謝謝你，愛你。

安‧伍德──感謝妳對我現示的所有慈愛，妳是標準的典雅女子。

克里絲汀‧歐斯瓦德─穆魯茲──我身為妳的妹妹，一出生就進入了愛的世界。謝謝妳，因為我們童年時期的所有冒險，我心中懷念的某些最快樂的回憶就是和妳在一起。妳一直是了不起的典範，總是激勵人心。能夠擁有這麼良善聰明又慈悲的姊姊兼朋友，我好幸運，心存感激。

約翰‧威廉‧歐斯瓦德──你是我見過最可愛、最心胸

寬大、最會評估承擔風險、最有同情心的人之一——而且更是我認識最厲害的廚師。你是我弟弟兼好友，是我最美好的人生福報之一。你以數不盡的方式鼓勵我，幫助我成長與改變。你出生的那一天是我最開心的日子之一，想必我的靈魂老早就認識……

蓋瑞特‧傑克森——都是因為你，我的生命中出現了許多美麗、靈光充滿的事物。你的心與我的心，似乎早已是老友——找到你是我人生最重要的珍寶之一。我們所建立的生活完全符合我的夢想，而且還不僅止於此。你以不計其數的各種方式挑戰我、鼓勵我，還幫助我成長。你是具有偉大性格的男人，能夠與你共度人生——為人父母——還有與你共處的一切，是我的榮耀，我好愛你。

艾許莉‧傑克森——我的第一個小孩，靈光充滿的女兒。

海登‧傑克森——跟我激似程度簡直可怕的可愛底迪。你帶著閃亮的髮冠來到人間，以更多的愛盈滿我的世界。你每天都教我新的事物——無論是與科學和基因拼接，或是與言語我心的深度，身為你的母親，我何其幸運——真感謝你選擇了我。

茱麗葉‧傑克森——妳是注入人形裡的瓶裝陽光——只要有妳的地方，就會帶來燦光、歡樂，與愛。妳的善心以及對生命的熱情穀物了我，也提醒我必須要要活得飽滿，充滿熱情。妳是妳周邊的人的恩賜——但最重要的是我的恩賜，

能夠當妳的母親，我十分感恩。

蘿拉‧施洛夫——將我們拉在一起的那條看不見的線，想必一定是靈界計畫裡的一部分。這本書能夠問世，妳所扮演的角色功不可沒。妳是世間的偉大之光，我何其榮幸，不只能夠浸沐在妳的光耀之下，而且還能稱妳為好友。感謝妳在這段過程中永不止息的指導與愛，妳鼓舞了我。

感謝吉娜‧錢特洛與蓋爾‧勒布克——因為妳們打從一開始就相信這個故事的力量——而且一直為我打氣，我相信妳們一定是光之團隊的一分子。

史蒂芬妮‧尼爾森——想必十二年半前我們初次相見的時候，我一定運用了我的那些能力，而且，當時身為學校老師的我曾經告訴妳，妳必須要接受那所中學的永久職，如此一來，妳就會成為我最要好的朋友，我們可以一起工作。有這樣真誠的朋友，夫復何求。謝謝妳不論在任何狀況下都一直陪伴我——而且是我的世界與心靈之中的一道恆光。宇宙何其仁善，還讓我們的先生們也成為朋友！同時感謝克里斯多夫‧尼爾森！

朵琳‧貝爾——妳是我生命中幫助我改變的媒介、通往一切的橋梁！妳源源不絕的正面能量具有感染力，我喜歡圍繞在妳的光附近。一直是支持我的了不起好友，感謝妳。妳所做的一切，充滿了慈悲、優雅，以及仁善。妳以無數方法鼓勵我！妳光亮閃閃。我還要感謝妳超棒的老公，湯姆‧貝爾：感謝你幫助這本書找到問世之路的過程中所扮演的不可

思議的角色！

關恩·喬登──打從八年級開始，妳就陪我經歷了難以計數的冒險、通話、探索。在不斷變化過程、漫漫數十年當中，我們的友誼卻恆常不變。真是感謝妳的天賦，企盼未來有更多冒險降臨，感謝妳一直是這麼棒的閨蜜。

瑪里絲·高登伯格──在妳身邊，或者僅僅只是與妳講話，總是讓人精神大振。

妳過著充滿熱情與歡愉的生活，鼓舞了所有周邊的人。在我的世界中，感謝妳是如此閃亮的光，這麼棒的朋友。

丹妮爾·拉許──透過海外的探索與國內的冒險，妳總是帶來歡樂與笑聲。妳是這世界的恩賜，照亮了妳行遍的每一個地方。啊，真是感謝妳的友誼，出現在我的世界之中。

瑞秋·盧森堡──有些朋友，你就是知道將成為一輩子的朋友，妳就是其中之一。

丹妮爾·海恩──小可愛，能夠擁有妳的正面能量真是幸運！妳的光照亮了我！

珍妮佛·舒勒凡德──我的前室友與樓友，真開心在這麼多年之後依然緊緊相繫。

德魯·凱茲──雖然我希望我們能在不同的情境下相遇，但我還是很感謝靈界將我們連結在一起。你是充滿特色、慷慨又強大的人──而且我知道你的爸爸與媽媽相當以你為傲。你以仁善與憐憫懷抱世界，我覺得我彷彿已經許久以前就認識了你的靈魂──我對於你，以及你了不起的妻子

充滿了愛與感恩，永遠如此。

莉特妮·伯恩斯與朗恩·艾葛斯——感謝兩位幫助我認清了自己的正道，還有兩位為這世界所引入的光。

鮑伯與芙蘭·金斯伯格夫婦——我在世間的大部分工作都與兩位緊緊相繫，你們是我所見過最慷慨、最鼓舞人心、最大方的人之一。你們在世間的作為，幫助他人、療癒傷悲、傳播靈界訊息的任務不計其數，我知道你們是了不起光之團隊的一分子。我一定得感謝並且提及兩位的千金百莉，她一直處於幕後——我確定是她把我帶到了你們的面前，你們一家人的光能何其強大。

茱莉·貝施爾醫生——妳對死後科學所投注的心力，對於我們這個世界的意義遠超過妳的想像，我也要感謝妳與風橋機構在我生命中所扮演的角色。

約翰·奧德迪——你對於光之任務的信念與付出真是了不起。我知道靈界與你攜手合作，透過你傳達出愛以及意識綿延不絕的靈訊，你是偉大光之團隊的一分子。在我的這趟人生之旅中，你的友誼對我來說無比珍貴，感謝你為我照亮路途。

伊本·亞歷山大——你願意與世界分享自己的故事，讓我大受激勵。感謝你教導我們的一切，能夠把你視為我的朋友，我好驕傲。

馬克·艾匹斯坦醫生——與你的人生出現交會，是一份天大的恩賜。能夠與你產生連結，是我的一大榮幸，你的光

療癒與鼓舞了我們的世界。

　　布萊恩・魏斯醫生——你照耀了世間許多人的路途，幫助我們大家了解到我們最大的天賦就是我們愛人的能力，我們是永恆的存在。我有諸多面向都受到你的鼓舞。感謝你幫忙照亮了我的人生之路。

　　蓋瑞・史華茲醫生——你的探索付出，還有幫助別人了解靈界必須傳達的重要訊息的過程，十分鼓舞人心。我們之間的共時性與人生道路交錯的部分讓我好開心，你是我生命之旅的一大要角，我們之間的光讓我深感榮耀。

　　對於我們每一個人來說，老師是照耀我們人生路途的樞紐角色。感謝我的許多老師，我心懷感恩——但對於以下的各位尤其感謝，他們幫助我看到、明瞭自己與他人的連結，控制靈光、相信自我：我三年級的老師，諾蘭女士、我四年級的老師瑪格麗特・麥克馬洛女士、我的十二年及英文老師凱文・迪寧先生、還有我的大學英語教授，已經過世的大衛・波斯尼克。感謝各位似乎還不夠，我覺得榮幸，看到了我們之間的光，各位是我的一部分，永存我心。

　　蜜雪兒・戈登史坦——影響我童年生活的重要老師！妳真是太棒了。

　　珍・莫杜諾・菲波特博士——妳一到達荷瑞克斯高中，就立刻散發出強烈光亮，我從妳身上獲益良多。感謝妳的支持、鼓勵、愛，以及友誼。真希望所有的老師都能有妳這樣的校長，無論妳在哪裡，都能夠創造出偉大成就。

妮可‧賽斯塔利‧克拉克——感謝宇宙將我連結到這麼一位精采的女子兼好友。妳的能量與熱情充滿感染力，而妳在世間的工作也盈滿了靈光，只要是認識妳、稱妳為朋友的人都十分幸運。

蘿拉‧卡斯提羅——妳是我孩子們最棒、最細心呵護、最有趣的保母，也是我生活中不可或缺的幫手，我十分感恩，妳的周邊好燦亮！

亨利‧巴斯托斯——感謝你為我生命所帶來的美好與友誼。

莉莎‧卡帕瑞利——我好愛妳的能量，還有那些我們共進的晚餐。感謝妳的友誼之禮，只要有戴夫在身邊，絕對不無聊，我滿心期待我們將來的探索！

保羅與帕蜜‧凱恩夫婦——你們是一對靈光充滿的夫婦！你們在這世界上所做的一切，都具有你們憐憫仁慈之心的特色，能夠認識兩位，讓我好驕傲。

特里娜與亞當‧維尼特夫婦——我的正道之愛引領我認識了你們兩個這麼棒的人！請繼續散發你們的美麗之光！

史塔爾‧波特——你在這世界散發了無比美麗星光！能夠與你有人生交會，我何其幸運——還有克里斯‧華格納——我們靠著光束而連結在一起。

史凱‧費瑞里拉——你在黑暗之中創生了一條光之通路。我知道你在靈界的團隊以你為傲，因為你一直向世界分享你的藝術天賦。我會永遠支持你——而且你的友誼也讓我

深感榮幸。

　感謝我所有的甥侄與大家庭中的每一分子：各位都為世界帶來了美麗之光──真是感謝能夠以親人的身分與各位有了生命交會：穆魯茲家的約翰、麥特、威利、亨利，以及彼得、約翰與蘿莉·穆魯茲夫婦、辛蒂與艾倫·史威茲夫婦、那塔夏·寇克哈爾、歐斯瓦德家的瑪雅、卓伊，以及約翰，艾莉亞與普利亞·寇克哈爾夫婦、阿尼卡·巴西爾、安琪拉與安琪拉·G·F·傑克森、傑克森家的吉米、凱瑞、喬伊、布萊恩、凱文，以及丹尼、傑克森家的約翰、艾蜜莉、傑伊，以及強尼、露西歐·溫卓布、溫卓布家的布雷特、伊莉西、葛雷格、凱倫、賈瑞特，以及卡羅、伍德家的吉米、泰德、麥蒂、泰迪，以及肯尼。還有我在靈界的摯愛：歐蜜與阿公、丹迪·耶特、納尼與阿帕、薇琪，以及我的姻親蓋瑞與艾倫──諸位在我心與我的世界扮演了重要角色，謝謝。

　感謝我童年時代的遠親：史密斯家的南西、李、戴蒙、德瑞克、艾莉與尼克·普恰雷洛──許多快樂記憶都與你們緊緊相繫在一起。

　要感謝所有將自身故事於本書中分享的人，各位送給我們的恩賜何其重大。完成這項任務的最美好祝福之一，就是與這些好棒的人相會與連結，到了最後，與他們的感覺更像是家人而不只是朋友。這串名單包括了蘇珊·紐頓─波特爾與佛列德·波特爾、瑪莉亞·英格拉西亞、肯尼·林恩、南茜·拉爾森、金姆·卡西亞、羅絲·安·迪·露波、查理·

舒華茲、喬與瑪麗安‧皮爾斯卡夫婦、瑪莉‧史德飛、法蘭克‧麥岡納哥，以及麥克‧賽斯塔利。還要感謝連接的靈界家庭成員：史考特‧波特爾、凱爾‧拉森、凱西‧卡奇亞、傑西‧皮爾斯卡、夏綠蒂、伊莉莎白以及其他人——諸位讓我們能夠聚首，而且向這個世界分享你們的故事與靈光，我們要向你們致敬與致謝。

芭比‧艾里森——我情同姐妹的好友，也是我世界中的明光。感謝妳持續不斷也永不動搖的愛與支持。願宇宙因為妳帶給別人的仁善與光而永遠保佑妳。

馬克‧雷特曼醫生——你在我的人生正道扮演了超棒的角色，我心存感激，你是這個世界的療癒者與引光者，認識你是我的榮幸。

傑夫‧塔倫特醫生——感謝你為我檢查腦袋，為我找出了某些答案，而且你一直是很棒的朋友。只要是接近你能量的人，都能夠感受到你對生命的熱情——我也能夠躋身在這群人當中，超級感恩。

艾咪‧列文——她是我在凡間之路的天使與嚮導。我永遠感謝妳所扮演的角色，妳是我最喜愛的人之一。

梅莉莎與湯姆‧高德——這份任務的最美好恩賜之一，就是能夠認識某些向你們一樣超棒、了不起的人。能夠認識兩位、稱呼你們為朋友，讓我非常感恩。

安琪‧沃克、丹妮爾‧裴瑞蒂、琳恩‧魯恩、蘿拉‧史旺、雷妮‧史都蒂斯、安東尼與葛萊絲‧阿維里諾夫婦——

此一任務最好的部分就是能夠認識了不起的人，之後成為美好的朋友——我把各位都列名其中。

比爾、安琪拉，還有B·J·阿圖索——感謝兩位對於探索靈界的付出，還有你們友誼的光，我們生命軌跡交錯讓我好歡喜。

接下來要感謝我的靈媒閨蜜團隊——要是沒有妳們，怎麼可能會有現在的我？妳們穩住我的心，也讓我哈哈大笑。只要和妳們在一起的時候，感覺總是十分美妙：金姆·羅素、珍妮·馬耶、貝絲·阿特曼、迪安娜·奇奎曼尼、派特·朗格，以及團隊的其他人。

還要謝謝我第一堂靈媒與性靈發展課程的學生——你們是探索彼此之間的連結、與靈界之間關係的最佳團隊！感謝各位在我上課的每週三晚上散發的光芒：阿曼達·莫多尼、潔寧·馬多蘭諾、艾咪·雷德勒、瑪琳·皮羅、瑪麗·甘迺迪、麗莎·強森、凱瑟琳·寇斯特羅、蘿絲瑪麗·麥克納馬拉，以及琳達·鮑拉克。

感謝蘿拉·凡·德·威爾、凱蒂·賈爾拉、瑪姬·夏皮洛——感謝各位幫助這本書問世，還有我不論任何時候提出的技術性問題都會慨然回答！

感謝我的藍燈光之團隊：莎莉·麥文、尼可·莫拉諾、泰瑞莎·佐洛、珊育·迪倫、雷·馬查恩特、安潔亞·迪偉德、葛雷格·莫利卡，以及南西·德利亞……感謝各位如此照顧我與我的作品。還要感謝英國Arrow出版公司團隊：蘇

珊・桑頓、珍妮・吉拉斯、吉莉安・荷姆斯，以及傑斯・古列佛。

感謝我在WME版權公司其他的光之團隊成員：拉菲耶拉・迪・安傑里斯、艾莉西亞・高登、凱瑟琳・西本，以及史考特・瓦荷斯，感謝各位的善舉與諸位所扮演的角色。

深深感謝荷瑞克斯中學的教職員，還有我所有以前教過的學生（我知道我在他們身上所學習到的部分遠超過我所教學的內容）。特別的愛要獻給現在與之前的英語科同仁，他們是我家庭之外的家人：珍・伯爾斯坦、南西・拉耶寇沃斯基、芭芭拉・霍夫曼、艾德・德斯蒙、史蒂夫・尼爾森、亞倫・賽米爾迪揚、潔西卡・拉格納多、湯姆・拜爾、湯姆・麥特森、桑妮亞・戴諾夫、凱莉・史卡迪那、莎拉・卡梅爾迪納、丹妮絲・伯納德、羅倫・葛拉波斯基、大衛・高登、麥可・伊蒙蒂、麥克・史坦、凱倫・梅爾，以及維克托・賈卡里諾。還有克里斯・布洛根、路易斯・歐漢倫、克勞蒂亞・卡特爾、喬安・阿薩羅、特瑞絲・巴塞爾、珍・莫拉雷斯、米雪兒・帕斯奎爾、喬妮・奇卡恩、安德魯・費里索恩、布萊恩・賀奇、蓋兒・寇斯葛洛夫、珍・莫杜諾、蘇珊・費斯、夏倫・莫蘭多、丹妮爾・柳、塔妮亞・迪西蒙、李奇・蓋恩斯、凱倫・庫奇、妮可・契斯塔利，以及迪爾德麗・海耶斯。

感謝願意讓我進入他們能量、進行解析的這些大好人。

謝謝你們願意讓我當傳訊者，成為各位美好之光的一部分。

還有，感謝讀者，在這趟光之旅當中，幸有各位相伴。

與逝者溝通 / 蘿拉.琳恩.傑克遜作; 吳宗璘譯. – 初版. – 臺北
市 : 春天出版國際文化有限公司, 2021.12
面 ; 公分. – (Spirituality ; 3)
譯自:The Light Between Us : Stories from Heaven. Lessons
for the Living.
ISBN 978-957-741-487-8(平裝)
1.CST: 心靈感應 2.CST: 通靈術

175.94 110021061

與逝者溝通

The Light Between Us: Stories from Heaven. Lessons for the Living.

Spirituality 3

作　　者◎蘿拉・琳恩・傑克遜
譯　　者◎吳宗璘
總 編 輯◎莊宜勳
主　　編◎鍾靈
出 版 者◎春天出版國際文化有限公司
地　　址◎台北市大安區忠孝東路4段303號4樓之1
電　　話◎02-7733-4070
傳　　真◎02-7733-4069
E－mail◎frank.spring@msa.hinet.net
網　　址◎http://www.bookspring.com.tw
部 落 格◎http://blog.pixnet.net/bookspring
郵政帳號◎19705538
戶　　名◎春天出版國際文化有限公司
法律顧問◎蕭顯忠律師事務所
出版日期◎二○二二年一月初版
定　　價◎399元

總 經 銷◎楨德圖書事業有限公司
地　　址◎新北市新店區中興路2段196號8樓
電　　話◎02-8919-3186
傳　　真◎02-8914-5524
香港總代理◎一代匯集
地　　址◎九龍旺角塘尾道64號龍駒企業大廈10 B&D室
電　　話◎852-2783-8102
傳　　真◎852-2396-0050